史鹤幸 著

# 心海

## 一个孤独的甬剧守望者

上海三联书店

## 草根"草花"俞志华

文 史鹤幸

草花，即宁波滩簧角色中的丑角，一个戏曲之魂，堪称"无丑难成戏"——俞志华是也。有人说，会抽烟的男人都有故事，或许，故事并不重要，重要的是谁是主角——他就是本文主人公，草根"草花"俞志华。

我写俞志华的戏曲情结已酝酿多年，只是苦于没有平台而一再搁置，却心犹不甘。一者，俞志华并非专业演员，却在早年的甬剧团里磨砺过，有过传统的滩簧骨子老戏的浸润，也有过多年舞台蛰伏的历练，其积累远胜过众多专业演员；二者，退休后的俞志华更是一往情深地"玩票"，玩出一片新天地，从甬剧《婆媳和》《王升大》竟玩到电视台做起了"桥头老三"主持人，为誉业余甬剧一个绕不过去的人物。

**戏曲情结：由专业转身民间**

上：俞志华与作者史鹤幸
下：俞志华在创作剧本

上：1962年拜师典礼
下：《下乡贵发哥》中饰演贵发哥

《婆媳和》饰演婆婆

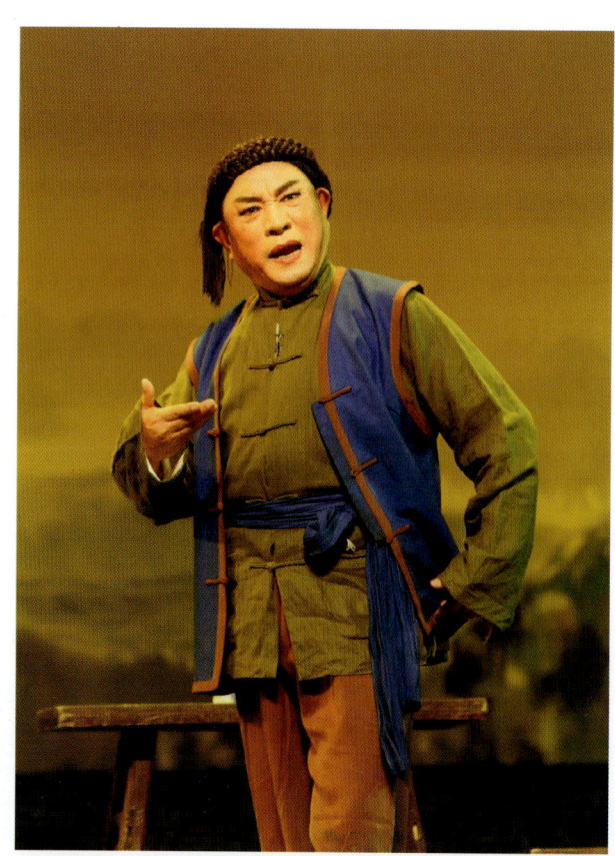

《借妻》中饰演张古董

《婆媳和》中饰演婆婆

《婆媳和》剧照

《下乡贵发哥》中饰演贵发哥

《坐错花轿》中饰演王志高

俞志华、俞波帆、俞皓天祖孙三代

与学生说戏

# 序:当父亲遇上了甬剧

俞波帆

写序之前务必感谢上海的史鹤幸先生为了解我父亲的艺术生平,而多次不辞辛劳来宁波搜集资料,终于把"心曲"谱成了。《心曲》是对我父亲俞志华从事演艺事业和艺术创作历程的叙述,从中充分体现出史鹤幸先生对地方艺术的尊重和理解。在这里谨以此序庆贺《心曲》出版,也祝史先生佳作不断,以飨我们大批的读者。

如果说,把书比喻人的面孔,那"序"就是眉毛,没有眉毛的脸如同没有生气的脸谱;那么,写序者理想人选应当为名人或是身居高位者,无奈家父环顾四周之时恰逢我毛遂自荐,虽知我不学无术,最终还是欣然成全了我一表孝心的"画眉"之举。

每个儿子心目中第一个英雄都是爸爸,在我儿时也是如此。家里的剧本汗牛充栋,里面的台词和唱段父亲竟然可以烂熟于心,真的把我们这些每天为背书而烦恼的小伙伴们给惊呆了。但真正让我认为父亲是个了不起的艺人和剧作家是在我成人之后。我发现在离开专业剧团后乃至从企业退休的三十多年里,父亲竟编导了十几台大戏《婆媳和》、《乡下贵发哥》、《老爹泪》、《凤吞王升大》、《坐错花轿》、《连环案》、《团圆以后》等清装戏和现代戏,观众上座率堪称空前。其中80后的小夫妻不在少数,从此父亲"甬剧老头"的绰号不胫而走。尤其,值得一提的是最近鄞州某知名甬剧团又排演了父亲的新编大戏宁波滩簧《男婚女嫁》,以幽默诙谐的方式寓教于乐与观众形成互动,共同探讨当下热门话题即如何正确理解婚姻观。

《婆媳和》、《乡下贵发哥》、《老爹泪》上演一千余场,一些资深评论家称其为甬剧经典剧目当然也不为过了。这些由父亲自编自导自演的戏,不光具有甬剧的传统特色,更令专家叫好、群众叫座!甚至让市甬剧团摒弃团里的资深编剧的剧目和民间甬剧团,打起了"你方唱罢我登场"的擂台,当然这场擂台没有输家,但赢家是父亲的作品和"甬剧老头"的粉丝们。

我对父亲的定位应该首先是一个演员,至今他还在地方台的反串"俞家婆婆"当主持人。早前他拍过影视剧,在戏曲片《看错人头》和电影《悬赏》都担任过男一号,在国家级舞台上屡次崭露头角。是演员就难过名利关,回想2008年参加"星光大舞台"调演,在艺术服务于群众还是官员的政绩也有过彷徨和犹豫。但也是从那一刻起父亲更加坚定了向编导转型的决心,遥想当年张德元、沈桂椿两位恩师栽培之恩,艺者不光同于师者传道授业解惑为己任,更是要具备"不疯魔不成活"的毅力。

岁月荏苒,父亲转眼已是年逾古稀。曾经问及父亲,学戏这么苦为什么还要学?他笑着答道,因为你的阿太和爷爷奶奶爱看戏啊。如同我儿子俞皓天问我,爸爸你为什么爱看戏,我说因为你爷爷是做戏的。百事孝为先,孝以顺成之。顺者,我的理解就是传承。每个行当在传承中培养人才,人才又以学以致用的技能把这行当发扬光大。只有这样的传承和循环的艺术形式才能与时俱进。就像当父亲遇上甬剧,甬剧幸甚,父亲甚幸。

2015年6月

# 目　录

第一章　戏曲：两个生命的对话 …………………………… 1
　　一方水土 ………………………………………………… 2
　　人文水乡 ………………………………………………… 10
　　走出象山 ………………………………………………… 12
　　社戏滋养 ………………………………………………… 18
　　话说甏觎 ………………………………………………… 25
　　戏曲之魅 ………………………………………………… 28

第二章　甬剧：想说爱你不容易 …………………………… 33
　　投门甬剧 ………………………………………………… 34
　　似水流年 ………………………………………………… 46

第三章　戏迷：不痴不迷不成戏 …………………………… 51
　　草台历练 ………………………………………………… 52
　　编导一身 ………………………………………………… 58
　　桥头老三 ………………………………………………… 63

第四章　韵辙：无韵无辙无为曲 …………………………… 67
　　甬剧韵辙 ………………………………………………… 68
　　四明南词 ………………………………………………… 74

## 第五章　非遗：甬剧非遗非生意 …… 79
　　传承滩簧 …… 80
　　甬剧非遗 …… 86
　　甬剧姓甬 …… 93
　　英雄相惜 …… 100
　　戏曲物语 …… 105

## 第六章　舞台：戏曲有约一生情 …… 109
　　淡泊人生 …… 110
　　戏者仁言 …… 115
　　旧雨新知 …… 118
　　滩簧如梦 …… 124
　　戏曲创作 …… 127
　　叫板张帝 …… 129

## 附录
　　新编清装甬剧《凤岙王升大》（全本） …… 133
　　新编清装甬剧《乡下贵发哥》（第七场） …… 176
　　近代甬剧《上海滩上李家门》（第六场） …… 185
　　宁波滩簧《婆媳和》（首场） …… 194

# 前言：一个人的戏曲物语

如果说，甬剧丑角即"草花"，以擅长诙谐、幽默、愉悦观众为表演手法；那么，一个艺人的人生就是一段缱绻的曲、一幕跌宕的戏，令闻者屏息凝神、令观者荡气回肠——俞志华的心曲，就是如此地给人感慨。

中国传统戏曲中的生、旦、净、丑四大行当，丑排位最后，但它却不可或缺，有时甚至起着戏魂戏胆的作用。丑角诙谐滑稽，直面真理的语言与灵活多变的表演技巧，带给观众自由、夸张、欢快、热烈的鲜明印象，将人们从枯燥乏味的日常生活中解脱出来。缘此，有了丑角，才有了中国的戏曲之始。俞志华便是这样一个鲜活的"草花"专业户而为人啧啧赞赏！因为，丑角身上蕴涵的文化意味至为厚重，"无技不成丑"，"无丑难为戏"，那是一个"草花"演员的底蕴与功力，这在近现代的滩簧戏里更为凸显。

我写俞志华，已是酝酿多年，却迟迟未成动笔，原因之一就是如何定位，如何来写而颇为纠结。一者，今天的俞志华并非专业演员，又无任何的级别与奖项获得，是一个体制外的民间甬剧演员；然而却有早年在专业甬剧团里磨砺，有着传统的滩簧骨子老戏的浸润，更有着多年从舞台蛰伏到戏曲历练的人生积累，而积淀的演艺功力丝毫不输给那些视戏曲为职业的专业演员，这话并不为过。二者，退休后的俞志华竟是一往情深地"玩票"，传承地方戏曲而风生水起，玩出一片新天地，玩到了电视台，做起了以宁波土话"坐坐桥头 讲讲新闻"节目的主持人，他的演艺经验可见一斑。

尤其，俞志华曾携他潜心编著并出彩主演的多部甬剧来到"宁波滩簧"发祥地的上海，掀起了沪上宁波人的盛大节日狂欢。甬剧回来了，乡音再闻,人文时空的穿越……或许,俞志华视甬剧为他的一个世外桃源而乐而忘返,仿佛他为甬剧而生,舞台是他的生命载体——多少喜怒、多少性情在其中——如何一声叹息、一个感佩可以了得!

前些年,我为自己的戏曲专著《甬剧史话》在宁波下应地区采风,由朋友举荐而初识俞志华,得知俞志华是个甬剧老兵,能编、能导、能演,一个甬剧多面手,时常口讲指画、眉飞色舞,堪称甬剧艺术一个不可多得的人才。令我大有相见恨晚、临渊羡鱼之感。

我总在想,若聆听他的滩簧遗音,就能体会与咀嚼"唱戏的是疯子,听戏的是傻子"之味,大有"腰缠十万贯,骑鹤下扬州"的心情舒畅;和"今宵剩把银红照,犹恐相逢是梦中"的迷离恍惚……这都是戏的魅力,销魂一刻"怎不叫人以身相许"——那就是七十有余俞志华的戏曲物语——或许,戏曲内容可以不美,却一定是程式化的典雅与娴静,还有点幽幽的惆怅——那是戏曲的魅力了。

俞志华演戏最擅长唱念做,令我喜欢上他戏曲程式般的举手投足。既有昆曲表演的端庄、典雅,又有滩簧戏的率性、直白。譬如,他那滩簧与戏曲(甬剧)之间的那种以演唱、以表演为主的戏曲之美,活脱脱一个旧时代的"男小旦",真是令我莫名地喜欢。

窃以为,欣赏俞志华的表演,最能区别中国戏剧与戏曲的不同,前者以剧情(内容)为主,而后者则是表演(程式)为长,最具舞台魅力与中国戏曲的表演之工。正所谓故事情节不重要,重要的是戏曲形式与表演之长,与戏剧(剧情)无关,与戏曲(表演)有关。如今,看戏看什么,那就是看演员的表演,看角、看范。

据悉,俞志华早年向老艺人学过滩簧骨子老戏,并是一个悟性很高的艺人。今天,他为民间甬剧培养演员、培养观众,为甬剧传承可谓功不可没,是甬剧之盛事。当初,我曾想为其撰稿,写写俞志华的戏曲情结,只是苦于没有平台而一再搁置,却心犹不甘。其次,我是戏曲的一个门外汉,有惧为人诟病。是今天朋友的再次举荐,我别无选择,再次为俞志华对甬剧的如此耿耿于怀、无法释怀的甬剧情结而感佩,那是甬剧传承的希望,这里我姑且拾撷二三,或许有前所未道及者,略事点缀而已。历史允许不同版本,但真实性才是更重要——那是我的写作主旨。

几番精心准备、潜心采访，2014 年，年届七十有余、脸上写满着沧桑的俞志华，正式走进我文字里，我也渐渐走进了他数十年的戏曲心路……有人说，会抽烟的男人都有故事——也许，故事并不重要，重要的是谁是主角——他就是本文主人公，草根"草花"俞志华。

梨园界里有一句话："三年可以出一个状元，三十年却出不了一个名角。"其中的原因是多方面的，或许俞志华就是这样一个"感士不遇"的例子。允我一一道来……

# 第一章　戏曲:两个生命的对话

门外迢迢行路,谁送郎边尺素。
巷陌雨余风,当面湿花飞去。
无绪,无绪,闲处偷垂玉箸。

## 一方水土

俞志华的故事,其七十载的戏曲心路与身体力行,恍恍然就是宁波地区的一部曲曲折折的由滩簧走向甬剧的起起伏伏的编年史,其间或喜或悲,或兴或衰,或者两者兼有,彼此渗透……

俞志华,1944年出生于宁波鄞县下应史家码村。正是那里的一方水土数十年,滋养了他一口石骨铁硬的宁波土话,话语中无意间掺有几分戏曲唱腔的妩媚,刚中带柔,柔中有刚,言行举止中还有以肢体语言为辅,有意无意间平添了几分舞台程式之美。

甚至说着说着,竟然手舞足蹈起来,恍然一幕原汁原味的滩簧正在开演……有人说,俞志华的生活场景,仿佛就是一部戏曲程式,只是戏曲中的生旦净丑,其每一角色尽是他一个人担当,咿咿呀呀地演绎成了一折戏曲。有感慨、有气馁、有欣慰、也有无奈——多少心绪、心结、心境在其中。

史料称,俞志华出生的史家码村,相传大宋南渡,史氏一脉携家族上下在此为官,从此移居于此,休养生息,直至"四明史氏"先祖史弥远归阴之时,乃在此建有多穴主坟,而其中有一穴建于胡公祠旁,其名"史家墓"。

史家子孙为守坟而定居于此,并繁衍不息,渐渐形成了一个自然村落,故称"史家墓"村。可能史族后裔觉得"墓"字作为村名不太好听,而村中有多个航船码头,宁波方言中"码"和"墓"读音相近,于是"史家墓"就改称"史家码"。缘此史家码村成了宁波市鄞州区(旧称鄞县)下应街道的一个自然村而载入史册,从中它记录了宁波城乡沿革的一段风迹烟痕的过往而供人凭吊与回望。可见,史氏家族乃南宋江以降之宁波大姓。

回眸,千年前的史氏先祖史弥远,曾任宋宁宗、宋理宗两朝宰相达二十六年,在这里建有宗庙。以前,但凡史家子孙每年都要到宗祠进行祭拜,朝廷文武百官路过此地,也要下马、下轿拜祭。今天,史家码村还

遗留着史氏宗祠。该祠位于村东北面,建于清朝,距今已有二三百年历史。史氏堪称"一门三宰相,四世二封王,七十二进士",为称"北宋杨家将,南宋史家相"之誉。

当年,鄞县撤县设区的规划中,有人提议鄞县改称明州区,那也不错,仍是一个传统的人文名称。却有有识之士称,还是用鄞州区更好。因为,鄞州区仍保留这个鄞字,否则鄞字将从此消亡,成了一个死字。这是决策者的一个英明之举,一个汉字将永远记载着"从鄞县到鄞州"的过往,那是宁波人的过人之处。

再说,下应的史家码人心灵手巧,不但会唱甬剧,还会刺绣。金银彩绣是在真丝缎子和其他料子上,用金线和银线盘绣,用各色彩线绣制而成的工艺品,是宁波刺绣的代表,又称仿古绣,曾与蜀绣、苏绣齐名。金银彩绣"非遗"传承人、"巧手绣娘"史翠珍便出生在史家码村。史家码村位于宁波市东南、鄞县大道以南,东邻黎明村,南邻云龙镇前后陈村,西邻河西村,北邻东兴社区,地域面积0.9平方公里⋯⋯

这个鲜有城市喧嚣,而是多了一份乡村惬意与安逸的史家码村,村里溪流逶迤、杂树生花,尤其炊烟袅袅中的黄昏,更是俨然一帧巨大的写意油画,一纸水墨淋漓的田园风光,旖旎而风情万种。尤其,村里水

中一座石桥横卧，古朴而沧桑，道不尽千年水乡的人文走向，桥身上镌刻的几个大字"史家码"依稀可辨，静静地向人们诉说着这里的过往，荣辱不惊地守望着、迎送着太阳的升起与降落，可是摩挲石桥心里竟有一种温暖的感觉。多少岁月可以重来，它们都梦幻成为一幕幕的文化与戏曲。或喜或悲，因人而异。尽管有些地方斑驳陆离，有些地方还受雨水与岁月的浸渍而有所褪色，却反而多了几份沧桑感——那是俞志华的故乡，一个凭吊乡愁的地方。

只是，现有户籍人口351户848人，外来人口竟有2500多人。今天，俞志华走在故乡的村村落落，大有"乡近情更怯，不敢问来人"，曾经的模样已不复存在，他沿着小河之畔行走，高高矮矮的房屋里进进出出的都是陌生的外来人口，令他有"故乡在何处"的错觉。

今天，史家码村隶属于鄞州下应街道，它地处鄞东水网地带，河道纵横，其中前塘河东通东钱湖，西达宁波城。往日，绿色的田野、轻柔的暖风、奔跑的孩子、浣洗的妇女、听书的老人、残存的遗迹，都一一成了下应的一个人文景观。史家码，俨然一个田园风光、山川形胜。

俞家就坐落于小溪之畔，景色怡人，当年小小年纪的俞志华时常在这里玩耍而度过了他无忧无虑的童年、少年时光。在他祖母的殷殷呵

护下,度过了他人生中最为无拘无束的人生岁月……所谓的学校就是史家祠庙,可祠庙里还有戏台,也许这里的点点滴滴,一并融入俞志华的血脉里……因为,这里构成俞志华少年时代精神生活的全部。那首,炊烟袅袅升起,隔江千万里的"青花瓷",就是史家码村的诗意诠释,成为俞志华永远的记忆:

   素胚勾勒出青花笔锋浓转淡
   瓶身描绘的牡丹一如你初妆
   冉冉檀香透过窗心事我了然
   宣纸上　走笔至此搁一半
   釉色渲染仕女图韵味被私藏
   而你嫣然的一笑如含苞待放
   你的美一缕飘散　去到我去不了的地方
   天青色等烟雨　而我在等你
   炊烟袅袅升起　隔江千万里
   在瓶底书汉隶仿前朝的飘逸
   就当我　为遇见你伏笔

6　心曲——一个孤独的甬剧守望者

　　　　天青色等烟雨　而我在等你
　　　　月色被打捞起　晕开了结局
　　　　如传世的青花瓷自顾自美丽　你眼带笑意
　　　　色白花青的锦鲤跃然于碗底
　　　　临摹宋体落款时却惦记着你
　　　　你隐藏在窑烧里千年的秘密
　　　　极细腻　犹如绣花针落地
　　　　帘外芭蕉惹骤雨　门环惹铜绿
　　　　而我路过那江南小镇惹了你
　　　　在泼墨山水画里　你从墨色深处被隐去
　　　　天青色等烟雨　而我在等你
　　　　炊烟袅袅升起　隔江千万里
　　　　在瓶底书汉隶仿前朝的飘逸
　　　　就当我　为遇见你伏笔
　　　　天青色等烟雨　而我在等你
　　　　月色被打捞起　晕开了结局
　　　　如传世的青花瓷自顾自美丽　你眼带笑意

　　那是中国青花瓷的写意,那是人文江南的温婉景色的晕染……同时,那也是俞志华诗意的童年时光与抹不去的记忆回味。只是多少年过去了,往事都成了土。而那些场景却成就了俞志华人生最初的底色与基因,甚至还有着千丝万缕般的人文胎气与血脉。
　　余光中的《乡愁》最是写出了离乡背乡人们的心绪与心结,抹不去的情怀,读起来有点眼眶湿润,心里也是潮潮的。

　　　　小时候
　　　　乡愁是一枚小小的邮票
　　　　我在这头,母亲在那头
　　　　长大后
　　　　乡愁是一张窄窄的船票

我在这头,新娘在那头
后来啊
乡愁是一方矮矮的坟墓
我在外头,母亲在里头

或许席慕容的《乡愁》更吻合俞志华此刻的心绪,她道出了远走他乡的人们无限的情愫,正袅袅然响起。

故乡的歌是一支清远的笛
总在有月亮的晚上响起
故乡的面貌却是一种模糊的怅惘
仿佛雾里的挥手别离
离别后
乡愁是一棵没有年轮的树
永不老去

这里的小河与村落,往年的阡陌小道都改成了水泥路,屋舍、街巷已是人物皆非,"两岸文化"正在改变着模样,变得有些认不出了,唯有河还在,桥依旧……走在故乡的土地上,竟是陌生的感觉。半个多世纪过去了,往日的场景只在梦里寻,成了没有根的回忆,无边无际。有时候是一股汹涌的暗流,突然涌来,让人无法招架;有时却又飘飘缈缈地挨过来,在你心里打上一个结。俞志华找不出这个结在哪里,也不知道是为了什么原因,也不知道是为了哪一个人。而他就越发怀念那他的那个记忆中的故乡了。

小时候听说故乡的风光,那是大地的血脉蕴藏在俞志华的身上,一点一滴地积聚起来,一片一块地拼凑起来,共同成了他可爱的故乡并在凑起来的温暖里,慢慢地长大了。如今,故乡成了无标题的音乐,袅袅然地挂在天边,成了一脉愁绪……比如,前些年吧,俞志华再返故里,当年的玩童都远走高飞,一些原住户也像他一样背井离乡出外谋生了,眼前都是陌生客了。旧时"停船暂借问,或恐是同乡"已不复存在了,若一旦用宁波话问路,还不经意窜出一句"请说普通话",令俞志华惊愕不知自己身处何方的感慨。家乡,只是河还是这条河,桥还是这座桥;却道是物是人非,依稀可辨的那年成了一个不朽的梦。

上海的《新闻晚报》曾举行一场回忆故乡的征文。有一作者写到宁波,也令俞志华连连点赞。题目是《"醉"忆故乡》:

在我户籍上的籍贯一栏,"宁波鄞县",是我唯一祖籍渊源的记录。鄞县,史料《国语》云,越王"句践之地,东至于鄞"。秦置鄞县,《方舆胜览》"以海人持货贸易于此,故以名山"。五代改置鄞县,唐为明州治所,今称鄞州。何谓"鄞",汉字的"右耳"旁,一般都是地名,与土丘、山地有关。比如"祁"连山、"邛"崃山,都是。然而一个"鄞"字,我却读"勤"好多年,真是汗颜。

宁波,我的故乡,一个人文渊渊薮,文献名邦。只是少小离乡,不谙世事。人至中年,这种故土情结,却越发不可收拾。乡愁,成了一种精神回望,成了一个心灵地址。似乎,唯有踏上了故乡的土地,方能了却这种浓得化不开的乡情、乡愁。余光中先生的《乡愁》有其精彩的演绎——"小时候,乡愁是一枚小小的邮票,我在这头,母亲在那头。""后来呵,乡愁是一方矮矮的坟墓,我在外头,母亲在里头。"

曾记得,我随着父母一同回乡省亲,拜谒祠堂。那是我印象中唯一的一次在故乡度过的暑假。所有的场景,早已浸淫于时光岁月,更趋模糊了。只有故乡的风、故乡的云,和村口那虬枝盘绕、浓荫匝地的老树,以及西阳下的袅袅然的缕缕炊烟,一如"凡·高印象",朦胧而又斑斓,成了一幅抹不去的风景,永远地挂在心中——那是我的故乡印象。它不是一个个具象,而是意幽韵远的精神文化。当年,我与一个大我几岁的男孩放牛。我在以后的文章里称他为"闰土",当然他比鲁迅先生的"闰土"要活泼得多。牛自在地啃着草,"齁齁"有声。我们玩累了,躺在斜坡上,望着悠悠的白云出神,天老地荒,群山无语,木讷憨厚的村民们,仿佛是山坡下散落的石头,令人寂寞,寂寞得自己也成了其中一块。而最快乐的是,

我们一同骑在牛背上,听他不成调的笛声。"牧童归去横牛背,短笛无腔信口吹。"那是一种天籁——悠远悠远地融入于人文历史之中。

上世纪八十年代,我又与妻子去了一次宁波,那纯粹是一次旅游,去天童山、阿育王寺感受宗教文化的洗礼。故乡的印象不复存在,只是象征性地去了一趟儿时记忆中的田园牧歌的地方,与"闰土"见了面。"乍见初疑梦,相悲各问年。"令我一惊的是,我印象中的"闰土"被岁月吞噬,竟成了罗中立的"父亲"。粗糙的手掌,沟壑纵横的脸庞,如同村口的老树,不知把多少悠长的岁月,吸干在满身枯裂的皱纹里了。

如今,多少年又过去了,我已奔五望六,真想买三分熟地,借二分月光,坐一席秋草,约三五知己,潜心地住下来,看看故乡的云,吹吹故乡的风,听听无腔的短笛,还有什么尘缘不能放下。明山甬水,我的血脉里流淌着它的一方水土。无论我走到哪,故乡是我一个永远的情结,我永远的根。

小时候,在家乡的原野土路上,我们离大自然是那样亲近,我们却并不因为亲近而理解自然。今天,对世界、对地理略有所知,

反而只能在梦中追寻。越趋遗忘的过去,让我在夕阳西下的黄昏,面对闪烁的灯光,像一个迷路的孩子,怅然若失。

也许,人远离了地气,才有根本的乡愁。

是啊,谁说不是。故乡成了一个文化,无论你走到哪里,这里总是你开始的地方而令人怀念,无法割舍的缱绻故事。或许,曾经鲁迅笔下的一个个"闰土",都成了土,成了近现代史上的人物;当年的一个个"父亲",都是现实生活鲜活的人物,就像俞志华的父辈,有的成了宁波帮人物而载入中国民族的工商业史——他们一并成为俞志华生长的人文大背景。

河流旁、石桥下的一个身影,他就是颇有气场的人物俞志华,正踌躇满志地向前方走去、走向舞台而渐渐为人聚焦。

## 人文水乡

鄞。清代段玉裁《说文解字注》,今浙江宁波府奉化县有故鄞城是也。说者谓以亦堇山得名,越绝书所谓赤堇之山破而出锡是也。盖其字初作堇,后乃加邑。越语曰:勾践之地东至于鄞,韦曰今鄞县是也。从邑,堇声。

鄞县拥有丰富的人文与地理,素有先有鄞县后有宁波一说。境内东钱湖省级风景名胜区,有十大著名胜景。鄞东太白山麓的天童寺是中华禅宗五山之第二山,自唐以来一直是中日文化交流的重要场所,现为日本曹洞宗临济宗祖庭。与天童寺隔山相邻的阿育寺是禅宗"中华五山"之一,寺内珍藏佛祖舍利宝塔。它山堰古水利工程,更是中国四大古水利工程之一,与四川都江堰齐名。

鄞县位于浙江省东部。地理坐标为东经121°08′～121°54′、北纬29°37′～29°57′。西北与西部与余姚接壤,南部紧邻奉化,东南临象山港与象山隔水相望。东西向最大长度74千米,南北最大宽度32.3千米。总面积1380.54平方千米,其中陆地面积1327.04平方千米,象山港水域面积53.5平方千米。2002年2月1日,国务院批准撤销鄞县,设立宁波市鄞州区。4月19日正式挂牌成立。下辖6个街道、17个镇、1个乡。

公元前200年,宁波市境内设置了鄞、鄮、句章三个县。由此,鄞县作为一个县级行政建制正式开始登上历史的舞台,是中国最古老的建制县之一。"鄞"字因其古老而独特,也常常使外地人产生语音和识别上的混淆和错误,通常是以"勤"误作"鄞",所以撤县设区时,也有人提议,借此机会把鄞县改为明州区、四明区,甚或是东钱湖区,以方便识别,但主政鄞县的首长们力排众议,达成共识,认为如果没有了"鄞"字,后人对鄞地丰富灿烂的历史文化会产生认知上的更多困难,所以果断地选用"鄞州"为区名,坚决保留了"鄞"字这个人文符号,着实难能可贵。

由于人文沿革、历史变迁,鄞县历史长达2230年。"鄞"字作为一个独特的地理文化符号,是鄞地经济社会发展和文化传承的"根"和"线",是鄞人两千多年相互认同、识别的标记。书法家沙孟海在《鄞字说》中称,鄞字是"堇+邑",会意而可以解释为"人群聚居的黄土地"。有关专家曾在更大范围上,对鄞周边各县地名做了研究,发现大量地名,如今大都能在中原各个省、市中找到。这明显是鄞地先民迁徙到中原各地遗留下来的痕迹。上古社会信息不畅、远隔千里,远离本土的先民难以返乡,出于对故乡怀念,便用故乡地名来命名新居住地了。"鄞"是由远古各冒(即黄土)部落图腾演变成的一个字,它的意义远非一个字可以概括,它是一方文化的标志,甚至是中华文化的一个标识。

缘此,鄞县人文渊薮,唐代诗人贺知章、北宋政治家王安石、南宋词人吴文英、学者王应麟、台湾文献初祖沈光文、史学家万斯同、全祖望……近代著名地质学家翁文灏、生物学家童第周、著名油画家沙耆、世界著名大提琴家马友友、书法家沙孟海、金石书画家朱复戡、篆刻家高式熊、昆虫学家周尧、表演艺术家王丹凤、金采风……

俞志华自豪地说,王孝和更是一位杰出的共产主义战士,心里流淌着鄞地的血脉。他高呼:"有正义感的人们,祝你们健康,为正义而继续奋斗下去,前途是光明的,那光明正在向大家招手呢,只待大家努力奋斗!"他写完最后一笔猛抬起头,长舒一口气。天要亮了,上海要解放了,他却要去另一个世界了。

那年,敌人以"妨碍戡乱治安"为名将王孝和抓了起来,轮番使用老虎凳、磨排骨、辣椒水和电刑等酷刑。王孝和宁死不屈,严守党的机密。上海高等特种刑事法庭当众判他死刑,他则当场扒开上衣,让所有出庭旁听的记者看他伤痕累累的前胸。敌人越是阻止他演讲,他就越是愤怒控诉"特刑庭不讲理","特刑庭乱杀人"。法警让他喝"断头酒"(即掺有麻醉品的烈性酒),被他连酒带碗打翻在地……

1988年,上海各界隆重集会纪念王孝和英勇就义40年,江泽民同志亲笔题词:"不愧是优秀的共产党员,工人阶级的杰出代表。"俞志华为有其这样的同乡而感到荣幸,也是宁波人的骄傲。俞志华并介绍说,王孝和的外婆家正是史家码村丁房,王孝和祖上是东钱湖湖塘下村人。

## 走出象山

俞志华自述,他的祖籍不是鄞县,而是浙江象山洋北村,全称也许应该是这样的：象山县墙头镇洋北村。洋北村，俞姓居多，在墙头镇东北5.5公里处，大坑山头西南麓，西临沪港，沿亭白公路（原称白墩公路）两侧呈块状分布。村坐落东至射箭山、大坑头山，南至井冈松山，西至西沪港，北至雅家岭，坐东朝西，地势东高西低。北与桃湾村相邻，西南与黄溪村相邻。

鸟瞰象山，那是天台山余脉向海洋延伸的一部分，自宁海县向东延伸至象山半岛，形成了县境西北部宁象交界处的最高部分。全境以丘陵为主，素有"七山一水二分田"之称，成为历史上沿海中路一个重要的渔港、商港、军港，从而成就了这里极其丰富的海洋文化、渔民文化。其地理位置居于浙江北部沿海，距离上海179海里。北面紧邻杭州湾，南邻三门湾，东侧为舟山群岛，通过青龙门、双屿门和牛鼻山水道与外海相连，是一个东北至西南向内陆深入的狭长形半封闭的海湾，是著名的避风良港，这里渔产资源丰富，是中国最早海洋渔业发祥地之一。

秦汉时，这里即有先民在此渔猎生息，唐宋时已成为远近闻名的渔港商埠、海防要塞、浙洋中路重镇。中国第一部有声电影、第一部在国际上得奖的电影《渔光曲》，就是在这里诞生。今天，国家的每年开渔节就在这里举行。据考证，春秋时象山为越国鄞地。汉为鄞县、回浦（后改章安）两县地。唐初分属宁海及鄞县；神龙二年（706），析台州宁海、越州鄞县地置象山县，治彭姥村，因村北有山，"形似伏象"，故名象山，县以山名，属台州；广德二年（764），改隶明州（明代改称宁波）。直至民国元年，南田立县，治樊岙；同年4月，划象山东溪岭以南地入南田县，遂迁治石浦。翌年取消划并南田还治樊岙。1940年，撤南田县，另置三门县，南田为其辖地。1949年7月8日，象山解放；10月成立县人民政府，属宁波专区。1952年，南田从三门划归象山。1954年4月，象山改隶舟山专区。1958年10月，宁海县并入象山，隶台州专区。1961年10月，复置宁海县，象山还治原境，回属宁波专区（后称地区）。1983年，宁波地、市合并，象山为宁波市属县。今天，象山县辖14个镇、5个乡。

国家每年一届在此举行的"开渔节"，开创了中国独一无二的海洋庆典活动，具有浓郁的渔乡风情和海滨旅游特色，是中国著名民间节日之一,自古以来就有开捕祭海的民俗。具有商业意识的当地政府和有识之士将渔民的自发仪式上升为一个海洋文化的盛大典礼,集文化、旅游、经贸活动于一体,赋予其丰富的文化内涵和鲜明的渔乡特色。传统的祭海仪式表达了渔民出海平安的祝愿,业已形成人们保护海洋生态环境的意识而锣鼓齐鸣、千帆竞发的开渔盛况吸引了来自全国的数十万游客。同时,举办石浦渔业博览会,一举成为全国最大规模的渔业博览会,东海渔场的丰富资源吸引来海内外的众多客商。"中国渔村"使内地旅游者获得海洋文化的直接体验,在"渔乡狂欢节"的热闹气氛中,象山人开展积极的经贸活动。今天"开渔节"已成为一棵招商引资的"梧桐树"。

象山半岛拥有 800 公里的海岸线,是全国渔业大县,捕捞业在当地海洋渔业经济中占据重要地位。为唤起渔民对海洋资源日趋衰减的忧患意识,教育渔民自觉保护海洋资源,自 1998 年始,象山县委、县府首创中国开渔节,决定在东海休渔结束的那一天举行盛大的开渔仪式,欢送渔民开船出海。

渔猎,作为先民们最初生存本领沿续至今,早已演变成物质之外的精神享受。这是对祖先的祭祀,对生命的回归。《小雅·南有嘉鱼》:"南有嘉鱼,烝然罩之。君子有酒,嘉宾式燕以乐。"《陈风·衡门》:"岂其食鱼,必河之鲂。岂其取妻,必齐之姜。"《乐府江南曲》:江南可采莲,莲叶何田田,鱼戏莲叶间。鱼戏莲叶东,鱼戏莲叶西,鱼戏莲叶南,鱼戏莲叶北。游动在《诗经》《乐府》里的鱼们早以鱼文、鱼图、鱼俗的形式深深沉淀在中华民族的记忆里,演绎成别具一格的"鱼"文化,鱼则成为与爱情、与美好、与吉庆、与和谐紧密联系的隐喻。《陈风·衡门》:"衡门之下,可以栖迟。泌水洋洋,可以乐饥。岂其食鱼,必河之鲂。岂其取妻,必齐之姜。岂其食鱼,必河之鲤,岂其取妻,必宋之子。"以鱼隐喻恋人与爱情,以食鱼比娶妻。《卫风·硕人》:"河水洋洋,北流活活。施罛濊濊,鳣鲔发发。"以捕鱼喻娶妻和新婚。《卫风·竹竿》中以钓鱼喻求爱。以网鱼比得妻,以网破喻失妻,以钓鱼喻求爱,遂为后世作品所常用的喻意。原始人在陶器上画鱼,古人以鱼为礼物相互馈赠,年画画鱼,待客用鱼,过年吃鱼,以图"年年有鱼(余)";"鱼水情深"喻和谐的人际关系,"相濡以沫"比相依为命,鱼与人,在更多的时候已经合为一体了。那是象山先民的生活写照。

俞志华祖祖辈辈曾生活在这个象山的洋北村,在这里休养生息。这是一个背山面海、人多地少的地方。出于生活谋划,百年前的俞志华祖父俞明云,凭着自己年轻力壮竟独自一人离乡背井地赴宁波打拼而成就了俞家的今天。那是宁波性情使然……迁徙、移民、流动,这是人类生活的主要场景,这才有了华夏文明的融合与杂交,有了各地的文化互相影响而产生新的文化。

人类文化进程中素有你中有我、我中有你的交往痕迹,而成为人类文化最璀璨的主要组成部分。从宁波滩簧到甬剧是如此,湖北的黄梅戏更是如此。世界上走得最远的是商品,比商品走得更远的那就是文化了。

一句背井离乡,就是最形象地勾勒先民们迫于生活而远走他乡的悲壮。走西口、闯关东就是一个个颇具规模的文化典型,宁波帮何尝不是如此。据词典解释,背:离开;井:古制八家为井,引申为乡里、家宅,离开家乡到外地。元·贾仲名《对玉梳》第一折:"送得他离乡背井,进退无门。"说得就是这一状况,多少无奈在其中。

西口,指长城北的口外,包括山西杀虎口;陕西府谷口,即晋北人、陕北人走西口的交汇点。走西口的主力人群包括晋北人、陕北人、河北人。今天,西口泛指在长城以北的内外蒙古从事农业、商品交易的地方,包括陕西北部的神木口,河北北部的张家口以及归化城(今呼和浩特市和包头市)。走西口大致路线即山西人从山西中部和北部出发,一条路向西,经杀虎口出关,进入蒙杀虎关古草原;一条路向东,过大同,经张家口出关进入蒙古。那年,二十世纪初年,素有"无平地沃土之饶,无水泉灌溉之益"的山西祁县,这里的乡民只有靠垦种上岭下坂活命。可是,三年一次大灾害后又赶上连续三年大旱,天天有人成为饿殍,民不聊生。于是,男人们背起简单的行囊,听着女人们和着血泪唱的《走西口》踏上了走西口的道路。故土难离也得离,心爱的女人难舍难分也得舍也得分,生活中充满了多少无奈和辛酸。电视剧《走西口》演绎从明朝中期至民国初年四百余年的历史长河中,无数山西人背井离乡,打

俞志华父母俞世金、胡秀兰

通了中原腹地与蒙古草原的经济和文化通道,带动了北部地区的繁荣和发展。描述了山西人走西口的艰辛与悲凉,是一部山西人用血泪、坚韧、诚信写就的奋斗历程——多少悲壮、多少凄美在其中。

"走西口"堪称一部辛酸的移民史,一部艰苦奋斗的创业史。作为移民主体的山西移民作出了极大的贡献。人口的流动,带动了文化的传播,而文化的传播,又拉近了地区间的距离,增强了它们的认同感。"走西口"这一移民浪潮,大大促进了内蒙古中西部地区与内地的交流,进一步增进了蒙汉之间的民族感情,对我们多民族国家的繁荣稳定产生了一定的积极的影响。

中国近代史上的"闯关东"又是一例。山海关以东地区,也叫关外地区,原来满洲族人的"龙兴之地"。1860年,面对沙皇俄国对满洲地区领土的蚕食,黑龙江将军特普钦上疏朝廷,呼吁开禁放垦,鼓励移民,获得采纳。于是直隶(今河北)、山东等地区无地或者少地农民纷纷进入满洲地区开垦荒地。这个过程持续到1931年九一八事变之前,数百万关内农民移民到关东地区。这其中,闯关东主要是山东人,大约占闯关东人数的95%以上,总数大约2000多万人。

十大商帮之首的宁波帮,何尝不是一场"移民文化",在上海开创了宁波帮民族工商业的兴盛,继而走向海外……国家改革开放之际,一个伟人发出:"把全世界的宁波都动员起来建设宁波。"可见,宁波帮的影响已是走向海外。更有人说,没有宁波帮,便没有今天的上海繁荣。宁波帮业已成为中国民族工商业的重要一部分,继而走向海外,一举走向世界。

俞志华的祖父俞明云起先在一家同乡的豆腐店里做帮工,开始俞家最初闯荡宁波城的生涯。几年后,颇有创业意识的俞明云,便将其全部积蓄毅然投在江北湾头自立门户,独自开开"俞顺兴"豆腐作坊,正式开始了俞家作坊在宁波的创业宏图。

翌年,祖父写信给母亲大人,让母亲陪着他(俞明云)的未婚妻董氏,一起来宁波帮衬,共举家业。缘此,俞家在宁波掘得第一桶金而扬眉吐气、光祖耀宗。一年后,俞家富裕起来,俞明云即与未婚妻正式两人拜堂成亲,俞家香火有续。年末生个大胖儿子,即俞志华的父亲,祖父为其取名俞世金,意为俞家从此世代有金。

生活就这样风调雨顺地过了三四年后,友人推荐俞明云的俞氏豆腐店乔迁鄞县东乡的史家码村,从此俞家血脉在这里生根、繁衍、发展,史家码村竟成了俞家新的故乡。

然而,命运多舛的俞氏豆腐店竟在太平年间发迹后,遭遇战火连连、兵燹年年……尤其,抗日战争爆发,民不聊生,生意渐渐式微,好景不再。再加上其时俞志华的祖父俞明云贫病交加,一病不起……无奈地抛下妻子及五个儿子撒手西去,走上不归路。

而俞志华祖母董氏堪称女中典范。一个缠足老太,她安葬了丈夫后,再继夫业,并与儿子经过几番试验,研制出品质上乘的俞氏豆腐,增添各种黄绿豆芽制品的新品种,俞家大业又渐渐有了起色。

颇有心计的祖母,又托人将老二、老三两个儿子送到酿品厂工作,他们也有出息。从此家庭过上年年有余的生活,走上"小康之家"。小康之家,就是可以维持中等生活的家庭,代表着"温馨一家",即自给自足、丰衣足食,家里有房子、有地产。用今天的话说,有车有房有票子,生活富裕。

1943年春,由祖母托媒,俞志华父亲俞世金与其母亲胡秀兰成亲。

翌年正月廿七,第一个儿子俞志华诞生,这个史家码村即是俞志华的出生地。可是,当初俞志华父母的联姻,反对声多多,主要说生肖不合。古代有"三合"一说,就是三个生肖的吉配。比如,申子辰三合:属猴、属鼠、属龙,三合为一组吉配。巳酉丑三合:属蛇、属鸡、属牛,三合为一组吉配。寅午戌三合:属虎、属马、属狗,三合为一组吉配。亥卯未三合:属猪、属兔、属羊,三合为一组吉配。然而,三合的组合不但契合度佳,思想、价值观、习惯、动作总是那么的情投意合。三合生肖相差四年,正所谓差4岁结婚,才是天作之合,就是根据"三合"而来的。除此之外,即生肖不合。其实,这只是一种中国文化的一个文字游戏而已。

俞志华祖母就是不信这个邪,并据理力争地说两人既然一见钟情,何必阻挠、拆散,最终由祖母拍板而成就他们两人的终身大事。正是祖母的坚持,俞志华父母才有缘缔结秦晋之好的可能,成就一个美满幸福的家庭。那是俞志华祖母的慧眼独具,果然两人百年之好,竟没红过一次脸、相敬如宾,传为美谈、一段佳话。

那年,作为长子长孙的俞志华的降临更是一家人的幸福,家里的生意也越发红火。每逢过年过节,那伙计们满满一桌的人,可见家里的兴盛,人丁兴旺。母亲天天编织草鞋,还供不上穿。祖母老是乐呵呵地夸奖媳妇,说俞志华母亲的手巧,做的草鞋质量好、独一无二。

随着家里的殷实,俞志华祖母逐渐"退居二线",唯一任务就是领着宝贝孙子俞志华四处观戏,颐养天年……

## 社戏滋养

俞志华祖母时年大约有五六十岁了,称得上是一个地地道道的老戏迷、老粉丝了,是地方戏曲忠实的"戏迷"、铁杆观众,也是中国戏曲的衣食父母。只有有这样的铁杆戏迷,才成就了中国戏曲的繁荣与兴盛,也有了地方戏曲的一席之地。只是今天这类忠实的戏迷越来越少,大家躲在家里看电视,各项娱乐活动更是"乱花渐欲迷人眼",那是戏曲的悲哀与不幸。没有观众,戏曲如何生存与发展。

一个时代养育了一个时代的观众,那是一个无法复制与以人意志为转移的事实。今天,昔日的戏曲神马不再,只见浮云蔽日,中国戏曲是明日黄花,靠着政府的扶持,甬剧更是如此,那是时代大环境使然,也符合戏曲发展的曲线原理。众所周知,宁波滩簧到了上海才发展成甬剧,上海是甬剧的发祥地。却是一场骇人听闻的文革,将甬剧推上劫路,贺显民走了,甬剧也被带走了……今天,宁波甬剧团竟成天下第一团。当年上海的堇风甬剧团是甬剧的代表与骄傲,只是时过境迁,都成了历史。曾经活跃在堇风甬剧团的演员,如今都是七老八十了,最终成了上海甬剧的"活化石"。

　　据传,甬剧是最早进入上海演唱的外来戏曲剧种,可以回溯到1880年(清光绪六年),宁波串客艺人(业余从艺出身)邬拾来、杜通尧等受茶馆老板马德芳、王章才之邀来到上海,在小东门"凤凰台"、"白鹤台"等茶楼演唱——那还只是一个曲艺形式的"宁波滩簧"(宁波地区称"串客")。当年,1843年上海开埠后的时任上海知县蓝蔚雯也是宁波定海人。

　　在20世纪50年代,上海甬剧团呈现"八家争鸣"盛况,前后出现了堇风、鄞风、凤笙、众艺、合作、立艺、建群、新艺八个甬剧团。由王宝云等创立的上海堇风甬剧团,更是甬剧从最初的宁波滩簧、四明文戏到改良甬剧、新甬剧历经二百余年的一个代表。

1962年,贺显民徐凤仙夫妇成就了上海堇风甬剧团携"三大悲剧"《半把剪刀》、《双玉蝉》、《天要落雨娘要嫁》晋京献演的壮举,引起首都文艺界的注目,并巡演各地,这不仅是堇风甬剧团的黄金时期,也是甬剧近二百年发展史上的高峰。从王宝云到贺显民,从徐凤仙到范素琴;从滩簧到甬剧,再从上海堇风甬剧团到宁波天下第一团,成为了甬剧的历练过程……后来经过剧团的"转停并合",进入文革后,上海甬剧更是盛况不再,最终销声匿迹。甬剧,唯有宁波甬剧团苦苦支撑,用王锦文的话说,那是"天下第一团"。

2014年年底,随着甬剧经典剧目《半把剪刀》在逸夫剧院开演,宁波市首届"甬剧月"也落下帷幕。"这一版本集沪甬两地艺人合作的《半把剪刀》在甬剧历史上画下了浓重的一笔。"——王锦文如是说。也是甬剧历史上,专业剧团和业余剧团首次合作演出。于是,在这一出《半把剪刀》里,出现了六个"陈金娥"、五个"曹锦堂"。因为,原上海堇风甬剧团老艺术家的加盟,为这部《半把剪刀》增添了一抹亮色——宁波有个"小堇风",就是有向上海堇风甬剧团致敬之意。

甬剧是用宁波地区方言演唱的戏曲剧种,属于花鼓滩簧声腔。它最早在宁波及附近地区演唱,当时称"串客"。1880年"串客班"到上海演出后又称"宁波滩簧",1924年"宁波滩簧"在上海遭禁演后称"四明之戏",1938年上演时装大戏后又称"改良甬剧",直到1950年,这一剧种才正式定名为"甬剧"。

甬剧音乐曲调丰富,共计约有九十种。主要有从农村田头山歌、对山歌演化而来的"基本调",从宁波乱弹班中带来的"月调"、"三五七"、"快二簧"、"慢二簧"及四明南词和一些地方小调。甬剧基本调(也称老调)主要用于塑造人物,表现人物较复杂的思想表情,叙述故事情节。小调则用来作为情节片段之间的穿插,活跃气氛。

解放前,活跃在上海、宁波等地有较多的甬剧表演团体,当时著名甬剧艺人有贺显民、徐凤仙、金翠香、金玉兰、黄君卿等。解放后上海成立堇风甬剧团,宁波成立宁波市甬剧团。上海堇风甬剧团以改编整理传统剧目为主,如《半把剪刀》、《天要落雨娘要嫁》、《双玉蝉》、《借妻》等。宁波市甬剧团以编演反映现代生活为主,如《两兄弟》、《亮眼哥》、《红岩》等,同时也整理了如《田螺姑娘》等一批传统戏。

甬剧适宜于演清装戏、三十年代西装旗袍戏和现代戏,特别擅长于演现代戏,因此受到党和各级政府的重视和广大观众的欢迎。解放后,宁波、上海两地甬剧团演出的区域主要集中在宁波、上海、舟山等地。其中上海堇风甬剧团曾在1962年晋京演出,宁波市甬剧团在1990年和1995年两次赴京演出,均产生过较大影响。目前甬剧专业表演团体仅存宁波市甬剧团一家,堪称"天下第一团",那是无奈的地区戏曲之窘境。有的地区戏已无剧团、无演出……成了一个曾经的风景,明日黄花。

2012年12月,宁波市文化艺术研究院为其进行拯救性采访,将健在的上海甬剧老艺人一一采访、录音、整理,编制成册。《甬剧老艺人抢救性保护工程——上海地区调查报告》,其中保留相当的鲜活史料,羚羊挂角似的大概勾勒了上海甬剧的风貌,从王宝云到贺显民,以及静安戏校的学员们……抚摸书册,怎不令人一声叹息……

宁波甬剧的非物质文化遗产是历史的见证和文化的重要载体,蕴涵着民族特有的精神价值、思维方式、想象力和文化意识,体现着民族的生命力和创造力,是民族的文化瑰宝。但是现代文明发展的冲击,导致了非物质文化的生存空间越来越狭窄以至于面临濒危的状态。因此,保护和利用好非物质文化,具有重要性和紧迫性。开展非遗保护,对于继承和发扬民族优秀文化传统、守住民族的血脉之根都具有重要意义。近几年,对于非物质文化遗产的保护越来越受到重视,保护的力度也在逐年增强。

甬剧作为国家级非物质文化遗产,是宁波地域文化的一个表征,它鲜明生动地反映着宁波的地域文化和人情风物,蕴藏着宁波世代人民的智慧、精神和情感。它的表现形式极具民间性,富有生活气息,深受宁波、上海、舟山一带广大观众的欢迎。因此,对甬剧实施保护,传承和弘扬这一优秀民间文化,不仅对挖掘浙东民间文化精髓有着重要意义,也对培养人民群众的文化认同感、满足人民大众日益增长的文化需求都有十分重要的意义。

甬剧,目前以剧团为载体进行传承,以市场演出维系其生存和发展,因此剧团主要还是从培养后备人才、创作演出新创作品和扩大市场演出三方面来完成对甬剧的传承。尽管先前也做过一些相关史料收集整理及老艺人唱腔收集的工作,但是在继承前辈、挖掘传统方面所做的工作还比较欠缺。相对而言,这方面的工作是迫在眉睫的,不仅因为其重要,更主要是因为随着岁月的流逝,老艺人日渐稀少、甚至离去,所以必须争取时间,抓紧开展这方面的调查。

甬剧发端于宁波,繁荣于上海,虽然现在上海已经没有专业的甬剧团,但是二十世纪五六十年代甬剧在上海曾经风靡一时。那时创作的一些经典的剧目以及那个时代下演技精湛的艺人们,共同铸造了甬剧在上海的辉煌。首先,对于那段历史的了解,不仅是对现存史料的一个完善和补充;同时,"以史为鉴,可知兴替",那时的兴与衰还能够对现今剧团的生存发展起到参考性的作用。其次,虽然剧目的辉煌无法重现,但是通过现存老艺人的口述,以语言的形式再现,了解当年在剧目创作上积累的成功经验,对现下的创作也将起到积极的借鉴作用。最后,老艺人们自身成长的经历、他们在演艺道路上积累的创作经验、在甬剧表演中的技艺和技巧也都是非常宝贵的,对于甬剧的传承来说都是可供后人总结学习的珍稀财富。

这次为了深入了解上海甬剧老艺人的艺术生涯、创作及演艺经验,宁波市文化艺术研究院在宁波文化局的支持下开展了"甬剧老艺人抢救性保护工程",几度赶赴上海,采访甬剧在上海发展时期的知名老艺人及其家属,从而取得大量的第一手资料。

幸运的是对那段历史有详尽了解的部分老艺人还在世,依然能够清晰地回忆起当年的状况。但也有一些老艺人因为文化水平有限,描述和表达的能力欠缺,也给调查带来一定的难度。另外,由于历史的和某些特殊的原因,个别人不愿接受采访,在一定程度上给整个调查工作造成了一些损失。同时,在上海调查期间有幸得到柳中心老师不顾病体一路陪同,史鹤幸老师无私地提供资料,保证了采访、调查工作的顺利进行。这部口述历史是对甬剧的功德无量,对今后甬剧史著作提供大量的基础性材料与奠定性的工作。

当年,俞志华祖母只要乡下有演戏,就有他祖母带着尚不足十岁的俞志华去那里观戏的祖孙俩身影。舞台上音响铿锵,演员们咿咿呀呀……好一番热闹。虽然,他们都不懂戏文,却也观得津津有味……因为戏曲本身就是一种表演形式,唱念做打才是戏曲之魂,与内容无关。

就这样,如此戏曲的浸润而潜移默化地影响着小小的俞志华,俞志华的血脉里也有了最初的戏曲基因,这有缘于他年迈的祖母。可以说,是他祖母"引领"他进入了他的戏曲之路,乡村舞台成就了俞志华最初的戏曲启蒙。

社戏,那是鲁迅笔下的水乡戏台,大都构筑在土地庙之类寺庙前的河上,故称"河台"、"万年台"。清代童谦孟写有一首竹枝词,描写当年看社戏的盛况:"岳神赛罢赛都神,演出河台戏曲新,两岸灯笼孟育管,水中照见往来人。"那是中国戏曲的一大景观,一个人文景致。

鲁迅在《社戏》中说,外国人以为中国戏的"大敲,大叫,大跳"不适于剧场演出,但若在野上演出,"远远地看起来",却"自有他的风致"。《龙虎斗》、《游园吊打》是很能体现地方剧特色的戏,有人把这两出戏写进《阿Q正传》、《社戏》等著名小说里,均是作者信手拈来之笔,更是充分反映了它们的人民性。有些人物连自己的姓名也写不出,甚至连圆圈都画不圆的阿Q在临刑前游街时,居然还要哼几句"手执钢鞭将你打",足以说明地方戏受到当地人民的普遍欢迎了。鲁迅再用他的如椽之笔,以优美抒情的笔调追述儿少年代观社戏的美好回忆,一派诗情画意,引人入胜,更激起了人们对社戏的眷恋和怀念。那是中国地方戏曲之魅力,文化的张力。

有人说,有一种文化叫乡愁,那是浓得化不开的情愫。只是当下城里的年轻人未必知道什么是乡愁,什么是离乡背井。然而,俞志华的孩提时代看过的故乡社戏始终未能忘怀,成为他永远无可忘怀的人文背景、称赞备至。并从中汲取营养,堪称一方水土养育一方人,就是这个原因。

再说,那时农村闭塞,一旦庙宇戏台无戏可看,俞志华的祖母索性带上宝贝孙子,一同坐上船,一路悠悠地去宁波城里的剧场里去看。天然舞台、民乐剧场等都有着他们祖孙俩的足迹。至于小孙子出门"行头",那是祖母最信任的二媳妇为其打扮,俞志华的二婶是闻名乡邻的巧手。就是今天,俞志华在外演出,年愈八十的二婶一边看演出,还一边唠叨着儿时俞志华幼童时代穿什么衣服、如何打扮、一年四季吃什么零食,及他吃的食物别人不得碰。言语中,她还特有成就感。仿佛俞志华是角儿,她就是其"御用"化妆师。

那时代的剧场特别接地气,鲜有政治痕迹。一般中国传统的戏台,大多装饰有楹联。这些楹联有的表达人生哲学,有的暗合行业和事件,妙趣横生。汪曾祺曾经为一本戏台楹联集萃作了一篇序称,有一学者承其家学,长于掌故,钩沉爬梳,用功甚勤。他搜集了很多戏台上用的对联,他觉得这是有意思的工作。从这些近现代的剧场里的楹联可以窥探出中国人的历史观和戏剧观。有名的对联是"戏台小天地,天地大戏台",这和莎士比亚的名句"整个世界是一座舞台,所有的男男女女只不过是演员"极其相似。古今中外,人情相通如此。这是一条比较文学的重要资料。"上场应念下场日,看戏无非做戏人",莎士比亚也说过类似的话:"每个人都有上场和下场",但似无此精炼。

诸如,中国汉字繁体字的戏字,左从虚,右从戈。于是很多对联便在这上面做文章。大意无非是:万事皆属虚空,何必大动干戈!舞台上全是(虚)假的,大动干(戈),即为(戯)。其实,汉字的戏字是"戲",左旁属"虚"是后起的异体字,不过后来写成"虚"了,就难怪文人搞这种拆字的游戏。虽是拆字,但也反映出一种对于人生的态度。戏者,从虚从戈,就是以虚假的打斗,来让人省悟,好好做人!可见做戏皆是假,如何做人才是真。人生如何在戏里寻找人性的真谛。

有些对联并不拆字,也表现了近似的思想,如:"功名富贵镜中花,玉带乌纱,回头了千秋事业;离合悲欢皆幻梦,佳人才子,转眼间百岁风光"。如:"牛鬼蛇神空际色,丁歌甲舞镜中花。"有的写得好像很有气魄,粪土王侯,睥睨才士,一切都不在话下,如清代纪昀的长联:"尧舜生,汤武净,五霸七雄丑角耳,汉祖唐宗,也算一时名角,其余拜将封侯,不过掮旗打伞跑龙套;四书白,五经引,诸子百家杂曲也,李白杜甫,能唱几句乱弹,此外咬文嚼字,都是求钱乞食耍猴儿。"这位纪老先生大概多吃了几杯酒,嬉笑怒骂,故作大言。他真能看得这样超脱吗?未必!

有不少对联是肯定戏曲的社会功能的。或强调其教育作用,如"借虚事指点实事,托古人提醒今人";或强调其认识作用,如"有声画谱描人物,无字文章写古今"。

有的比较符合戏曲的艺术规律:"作廿四史观,镜中人呼之欲出;当三百篇读,弦外意悠然可思。"至于贵阳江南会馆戏台的对联:"花深深,柳阴阴,听剧院声歌,且凉凉去;月浅浅,风蔼蔼,数高城更鼓,好缓缓归。"这样对看戏的无功利态度,颇为人欣赏。这种对生活的无追求的追求,乃是儒家正宗。

还有一副酬雨神的戏台楹联:"小雨一犁,这才是天随人愿;大戏五日,也不过心到神知。"写得很是潇洒,堪称幽默,作者对沿袭酬神并不看得那么认真,所以可贵。这应该算是戏联里的佳作。甚至闹蝗虫也可以演戏,这是我以前不知道的。武进奔牛镇为捕蝗演戏戏台的对子:"尔子孙绳绳,民弗福也,幸勿集翼于原田每每;我黍稷郁郁,神其保诸,报以柎缶而歌呼呜呜",写得也颇滑稽。

宁波地区尚有二处古戏台,譬如会馆筑台唱戏,一是为了联络乡谊,二是为了谢神。广西两粤会馆戏台台联:"百粤两省廿七部诸同乡,于时语言,于时庐旅;五声六律十二宫大合乐,可与酬酢,可与佑神",说出了会馆演戏的作用。

三百六十行,都有行会。他们定期集会,也演戏,一般都在祖师爷的生日。行会酬神戏台的对联有些写得不即不离,句句说的是本行,而又别有寄托,如酒业戏台联"正值柳梢青,乍三叠歌来,劝君更尽一杯酒;如逢李太白,便百篇和去,与尔同销万古愁",铁器行戏台联:"装成千古化身,铁马金戈,总是坚心炼就;演出一场关目,风情火性,无非巧手得来",都是如此。

这些更为俞志华欣赏、咀嚼再三,那是一种人生寄寓、人生历练。

## 话说氍毹

旧时候的艺人都是从草台上走出来,随后才有正式的舞台剧院。

氍毹，即指一种织有花纹图案的毛毯，一般用毛或毛麻混织的布、地毯之类，舞台常用此类物品作地毯，明代始氍毹逐渐演变为对舞台的俗称。当时，昆曲盛行，江南官员富户蓄优成风，时称"家乐"或"家班"，在家中习演昆曲。而演出多于厅堂中所铺的红地毯上进行，久之则成风俗。戏曲舞台称"氍毹"代指舞台，这类演出形式到清中叶后渐衰，但以"氍毹"一词称舞台则成了定制。

解放以来，宁波市和宁波地区已兴建八百人以上座位的剧场一百十四座，其中有不少剧场座位达一千人以上，如宁波大剧场、逸夫剧院、观城剧场、慈溪人民大会堂等，舞台雅致，设施完备。坐在宽敞的剧场里看戏，不禁使人想起旧时宁波的舞台的简陋。俞志华祖母就是带着俞志华奔走，出入这类戏院，养育了俞志华的戏曲情缘而一发不可收。

而当时的宁波城，尚无像样剧院，众多的戏班子演出的主要是"天然舞台"，大都是在各乡县的广大农村，最简陋的舞台是地场，也称"草台"。人称草台班子，即指小规模的戏班。这种场子没有舞台，就是在山坡高地或村落空场上演出，观众席地而坐。艺人们为了糊口，偶尔也到宁波城里唱"地场"，近乎卖唱，那情景与两宋的勾栏瓦市（肆）相似。大多数民间演出团体，是以演"祠堂戏"和"庙会戏"为生的，这比之"地场"好多了。而宁波1930年建造的"天然舞台",已成为一个承载着浙江宁波几代人文化记忆的老戏院的名字,一座丰富了几代宁波人文化生活的老戏院。从天然舞台的前世今生,曲折地见证了从滩簧到甬剧的风迹烟痕,其本身就是一部地方甬剧史。俞志华的戏曲积累,就始于这里……

时事变迁、风雨沧桑,天然舞台从改变为菜场到2000年投资400万重建逸夫剧场再到今天的宁波大剧院的崛起……如今,已消失的"天然舞台"依旧活跃在宁波市民中,只是它早已不是单纯意义上的"戏院"了,而是作为一种公益演出和家喻户晓的文化符号,成为新老宁波人热衷的文化情结。比邻而筑的中国文化娱乐航母——宁波大剧院,其天然大舞台,一个剧院、歌厅、酒吧一体化的娱乐天堂,位于甬成城三江文化长廊的源头毗邻风景秀丽的姚江,延续天然大舞台的百年历史文化底蕴,总面积3800平方米,三层看台,可容纳1000多名观众同时欣赏舞台精彩节目。

解放前,"庙会"是江南最活跃、最热闹的一种民间文娱活动形式。庙会,又称"庙市"或"节场"。这些名称,可以说正是庙会形成过程中所留下的历史"轨迹"。作为一种社会风俗的形成,有其深刻的社会原因和历史原因,而庙会风俗则与佛教寺院以及道教庙观的宗教活动有着密切的关系,同时它又是伴随着民间信仰活动而发展、完善和普及起来的。

鄞县的胡野庙、山神庙、白龙王庙,以及西门的"郎郎殿"等庙台,看上去风貌依旧,还颇具规模。一般家族族庙,也有类似舞台的建制,俞志华的史家码村的史氏祖祠,就是相当精致的戏曲舞台。其建筑结构之精美,又推宁海的岙庙台为最佳,庙台的四周设有栏杆,屋顶呈圆拱状,雕梁画栋。东西厢设有看楼,中间天井和前大殿共可容纳观众千人。至今乡村庙台的墙壁、屋柱上,还依稀可见当时艺人写下的许多悲苦的题字。

旧社会一些有权有势的人把戏班子叫到自己家里演出,这种演出叫做"堂会"。唱"堂会",艺人含泪受辱,是最不愿意去的地方。只有到了农村风调雨顺、五谷丰登的年份,农民们自集资金,用大红请帖邀请戏班子，艺人们心神舒畅，演出也最卖力。这种场合舞台的质量是很讲究的。舞台的基础是以农村的稻桶垫的，台面较宽敞、平整，四周用毛竹或木柱扎成方形。晚上演出，气灯齐明，观众里三层外三层，可达万人以上。还有一种叫做"河台"的，是搭在水边或湖的岸边，有的用几条船连接起来，形成一座可以流动的戏台。裴明海认为，那是中国宋江元以来最初的"天然后台"。这类演出可追溯到宋代，勾肆瓦栏，就是指称这类的草根戏台。

有的演员在"河台"上演戏，观众们夹岸观看，或站在岸上高处遥望，有的划着小船傍着"河台"围观。解放前鄞县东钱湖一带就有"龙船会"的风俗，每逢此时，水面龙舟竞发，岸上迎神赛会演戏，煞是热闹。这便是鲁迅笔下的乡戏、社戏，也是一种乡风、乡俗、乡情。

辛亥革命以后，一些民间演剧团体，逐渐到城里来谋生。而甬剧、越剧等一些演出班子，经过长期的乡间演出活动，演技日臻成熟，阵容也渐见壮大，加之西方资本主义的侵蚀和殖民地经济的畸形发展，演出的商业性质加强，宁波开始有了剧场建筑。三十年代，"民乐"、"天然舞台"等剧院相继建成。至此，大批戏以建筑应运而生，一些演剧团体除个别人还在酒楼、茶肆进行演唱以外，大多进入了剧场。

但是，这时的剧场也都是为老板所掌握，演什么戏、让谁演艺人无权过问，还要受地痞、流氓、军警、财阀等的骚扰、欺凌。剧场今昔，天壤之别。

俞志华对剧院深有体会，以前观戏，以后进入剧院演戏，对剧场情有独钟，好不感慨。

## 戏曲之魅

当年，俞志华祖母抱着年幼的他去看戏——那是少年俞志华戏曲启蒙的主要场景。比如，鄞州下应史家码村有剧团来了，村里的人也忙乎开了，气氛像过年一样。抓一把热乎乎的葵花籽（香瓜子），塞在上衣口袋里，俞家奶奶就抱着五六岁的孙子俞志华往戏台赶，等着开场。当

锣鼓声，锵锵锵、咚咚锵，咚锵咚锵咚咚锵……响彻四方的时候，台上的演员抹着彩脸，嗓子捏着尖，人声与锣鼓声响彻云霄，台下的叫好声、说话声、笑声、瓜子壳落地声、小孩的哭闹声与小商小贩"卖葱油饼"的吆喝声，此起彼伏……一齐汇成了整出戏的音响——那就是旧时代观曲的胜景，也成就了中国的地方戏曲的繁荣与发展。

中国的戏曲主要是由民间歌舞、说唱和滑稽戏三种不同艺术形式综合而成。它起源于原始歌舞，是一种历史悠久的综合舞台艺术样式。经过汉、唐到宋、金才形成比较完整的戏曲艺术，它由文学、音乐、舞蹈、美术、武术、杂技以及表演艺术综合而成，它的特点是将众多艺术形式以一种标准聚合在一起，在共同具有的性质中体现其各自的个性。距今约有三百六十多个戏曲剧种，从全国三百多个戏曲剧种中脱颖而出的京剧、豫剧、越剧，被官方和戏迷友人们誉为中国戏曲三鼎甲。宁波地区的甬剧只是一个小众的地方戏曲。

京昆雅韵、地方滩簧一并开启中国传统戏曲最初的滥觞，今天在俞志华的唱念中最能体验戏曲的魅力而不是戏剧。因为戏剧来源于戏曲，来源于江南滩簧、北方的花鼓戏，他们互相影响而成就了中国地方戏曲与戏剧。比如，中央台有戏曲频道，上海台却是戏剧频道；还有

"戏"就是曲,"剧"是舞台的综合。比如越剧、扬剧、甬剧、锡剧,却不能说越戏、扬戏、甬戏、锡戏,唯有京剧也可叫京戏;还有安徽的黄梅戏,不能说黄梅剧;还有话剧,也不能叫"话戏",更不能叫"话曲"。如今的戏曲都成戏剧,为主题服务,为人物服务即为剧情服务。其实,最本质的舞台戏曲,应该是唱与念的一种程式之美,可以与剧情无关。

再比如,看俞志华唱戏,总令人联想起中国书法之美。中国戏曲似乎与中国书法,堪称异曲同工。戏曲的一招一式、唱念做打,就是中国书法的一笔一画、燥润浓枯。有人称,好的书法会把不是字的东西写进书法里,又把字写到字外去,凸显汉字的精神、金石的力道,而满纸云烟,盈带烟霞;同样,好的戏曲也会把不是戏里的东西唱到戏里去了而万般风情,因为,戏曲是一种写意、是一种境界,那是学养、学问的积淀——俞志华是也。

戏曲是中国汉族传统艺术之一,剧种繁多有趣,表演形式载歌载舞,又说又唱,有文有武,集"唱、做、念、打"于一体,在世界戏剧史上独树一帜。以集汉族古典戏曲艺术大成的京剧为例,一是男扮女(越剧中则常见为女扮男);二是划分生、旦、净、丑四大行当;三是有夸张性的化妆艺术即脸谱;四是"行头"(即戏曲服装和道具)有基本固定的式样和规格;五是利用"程式"进行表演。中国民族戏曲走过了从先秦的"俳优"、汉代的"百戏"、唐代的"参军戏"、宋代的杂剧、南宋的南戏、元代的杂剧,直到清代地方戏曲空前繁荣和京剧的形成。

今天,生旦净丑的每一阙唱段,俨然一帧书法作品,或委婉绮丽、或高亢亮丽。如净角似魏碑厚实顿挫,青衣似晋唐小楷灵动,老旦苍凉,老生沉郁,仿佛从中读出二王韵味,也读出颠张醉素……尤其,旦角的水袖,那简直是中国草书之极致。京剧《天女散花》,梅大师将旦角表演得无以复加,成功创新的"花衫"而为人青睐,写进中国戏曲史。

俞志华形象地说,戏曲的水袖,就是书法的点画,或犷或媚,无不写意人生世相与处世性情。中国书法,堪称线条艺术。秦代小篆,玉女垂拱,端庄典雅;汉隶八分,轻盈雍容,丰润柔美;晋唐楷书,肃然起敬;行书活泼,草书张扬……若将水袖舞动曲线用笔墨、线条来表示,它不就是张旭、怀素笔下的草书大作,或有高云坠石,千年万岁,枝蔓枯藤余

韵；或是杨柳春风，莺歌燕舞，小桥流水人家。时如强弩立弓，蓄势必发。时有两军对垒，气脉贯通。不难想象"飘风骤雨惊飒飒，落花飞雪何茫茫"是一种何等的恢弘意境。那水袖，就是放浪形骸的狂草，那已不是纯粹的线条，那是艺人性情使然。或孤蓬自振，惊沙坐飞；或飞鸟出林，惊蛇入草。那是书家气脉，回眸纸上，已是魂归神收。中国戏曲何尝不是如此，甚至有过之而无不及。谁说唱戏只是一种谋生，唱戏也是一种精神与生命。只有理解了戏曲舞台上的一桌一椅的精彩，也就理解了书法笔画上的一撇一捺的文化魅力。舞台上的身段、水袖，令人九曲回肠，仿佛是书写在宣纸上的笔画，字夹风雷，声成金石。舞者，陶陶于其中；观者，咏咏作知音状。俞志华最能谙。

中国戏曲的虚拟性，给剧作家和演员以极大的艺术表现自由，拓宽了戏剧表现生活的领域。在有限舞台上演员运用高超的演技，可以把观众带入江流险峰、军营山寨、行舟坐轿、登楼探海等多种多样的生活联想中去，在观众的想象中共同完成艺术创造的任务。这恐怕就是何以在一无所有的舞台上，中国戏曲得以再现五彩缤纷的场景和千姿百态的人生的原因了。需要说明的是，虚拟手法的确使一座死板的舞台变得来去自由，但这种自由决非不受任何制约，它还是有所制约。这就是要受艺术必须真实地反映生活——这个基本规律的制约。因此，舞台的虚拟性必须和表演的真实感结合起来才行。那就是一个演员的真功夫，给观众以想象中得到精神愉悦。

如果说，书法是一部戏曲，每一汉字都是一个鲜活的角色；那么，戏曲就是一部书法，每一角色都有一段缱绻的故事……令人释道平矜、怡情悦性。因为，唯有戏曲最能体验光阴的流失，"周秦雄风汉唐歌"，倏忽，千年过去了。流走的是时间，积淀下来的是惊天地、泣鬼神的历史诗篇。书法与戏曲同理，那是千百年的一个生命对另一个生命的孜孜对话，暖人情怀……

可见，中国的传统文化是中国人的根本的精神家园，一个永远抹不去的文化乡愁。而在俞志华儿时的印象里，戏台上演的，无非是才子佳人、帝王将相，夸张的头饰、悠长的水袖、热闹的打斗、余音绕梁的唱腔……剧情早已是烂熟于心的，可是大家重温与期盼着的就是这份喧嚣和闹猛。犹如过年一样，要的就是这份气氛。精神生活是人类最重要的不可或缺的生活内容。

俞志华才刚会咿呀学语，就能学着戏曲演员拖着长音说话。童年的许多时光，俞志华都在城乡的戏曲音韵里度过，也为他日后的戏曲情结打下基础。

俞志华所就读的史家码小学，有位老师名叫施森林，擅长演戏，常带着一群孩子在教室里排戏。不仅是自娱自乐，排好的戏他们还去各个村演出。俞志华印象最深的一部戏是《王老伯看信》，也许这段时间也是他戏曲启蒙的时段。俞志华在剧中饰演"男一号"——六十多岁的王老伯。在施老师的导演下，还不到十岁的俞志华，竟像模像样地弓着背，拖着长烟管，不停地咳嗽，引来台下的哄堂大笑，一个满堂彩。观众的笑声，是最好的犒赏。小小的他，初尝到了做戏的滋味而一发不可收，而成为日后一个戏曲舞台上永远的"草花"，正在影响着几代人。

# 第二章　甬剧:想说爱你不容易

应是南枝向暖,那更青春未晚。
竹外见红腮,芳意与香缭乱。
肠断,肠断,无奈东风独占。

## 投门甬剧

时代车轮辗进了1952年,即农历二月初二,俞志华正式上学了。他祖母与父亲还特请当地德高望重阿毛公公陪他去学堂,可谓隆重之至。母亲还带着他家家户户去敬糖茶,随即开始了俞志华的求学生涯,因为他长大了……学校就是家门口的一个史氏祖庙祠堂,两个教室,教室里还有多个年级的学生,那时学校都是如此走过来的。

祠堂是族人祭祀祖先或先贤的场所,具有多种用途。除了"崇宗祀祖"之用外,各房子孙平时有办理婚、丧、寿、喜等事时,便利用这些宽广的祠堂以作为活动之用。另外,族亲们有时为了商议族内的重要事务,也利用祠堂作为会聚场所。

"祠堂"这个名称最早出现于汉代,当时祠堂均建于墓所,曰墓祠;南宋朱熹《家礼》立祠堂之制,从此称家庙为祠堂。到明代嘉靖"许民间皆联宗立庙",后来倒是做过皇帝或封侯过的姓氏才可称"家庙",其余称宗祠。往往有些人走后,后人祭典他时,还加以一个庙号。是一个传统中国文化中的避亲人违,以示尊重。祠堂也可以作为家族的社交场所,有的宗祠附设学校,族人子弟就在这里上学。正因为这样,祠堂建筑一般都比民宅规模大、质量好,越有权势和财势的家族,他们的祠堂往往越讲究,高大的厅堂、精致的雕饰、上等的用材,成为这个家族光宗耀祖的一种象征。

据历史记载,具有地方民俗文化特色的祠堂,远在几千年前的夏商周时期便开始萌芽,到宋代才形成较完备的体系,明、清时才发展到高峰。客家人迁徙到南方定居后,在居室方面,不但创建了集宜居与安全于一体的客家围屋,而且继承和发展了祠堂的构筑艺术。从遍布城乡的大小祠堂便可知道,结构宏伟、工艺精美,大多集建筑、雕刻、绘画、书法、文学于一体,具有深厚的历史积淀和久远的传统文化,显示出经久不衰的强大生命力。

由于客家祠堂是祭祖的神圣场所。因此,它往往是城乡中规模最

宏伟、装饰最华丽的建筑群体，不但巍峨壮观，而且注入地方传统文化的精华，与古塔、古桥、古庙宇相映，成为地方上的一大独特的人文景观。

它是地方经济发展水平和象征民俗文化的代表。因此，祠堂留给后人许多珍贵的历史和文化研究价值。从祠堂里的匾额诸如"中宪大夫"、"进士"，便可知该族的辉煌。正是：千秋功过，于祠堂可见一斑；华夏祖先，从祠堂可知谱系流传。

人文祠堂，如同阅览一卷绵长的历史画轴。而祠堂文化作为一种具有地方特色的民俗文化，它既蕴涵淳朴的传统内容，也沉淀着深厚的人文根基，还能从这里寻找到人类前进的足迹。祠堂里还有个戏台，那是一个乡村的风景与标志，是文化的凝聚力。每逢大事，好戏开场成为村里的一件盛事。

那年的乡间戏台，无非写有：

滚滚江山，只为大花脸争权，国老无能终散局；
纷纷世界，怎得正式生揸印，奸臣尽杀始收场。
尧舜生，汤武净，恒文末丑，古今来多少角色；

日月灯，云霞彩，风雷鼓板，天地间大小舞台。

人情到底好排场，耀武扬威，任你放开眉眼做；

世事原来多假局，装模作样，凭吾脚踏实地看。

人情到底好威风，抹粉涂脂，任你放厚脸皮去做；

世事本来系假局，装模作样，劝君踏实脚地来看。

台上莫漫夸，纵做到厚爵高官，得意无非俄顷事；

眼前何足算，且看他抛盔弃甲，下场还是普通人。

美女不尽是红颜，抹来几点胭脂，便教那辈消魂魄；

奸臣何尝皆白鼻，借得半斤铅粉，好赠斯人画面皮。

此间花鸟本亲人，难得他社鼓多情，招游客来添热闹；

半日笙歌兼卜夜，况又有茶棚歇脚，从开场看到团圆。

旧雨尽来游，破些些忙里工夫，休说乡村四月闲人少；

浮去俄过了，看出出空中楼阁，须知世上千官似此多。

百年三万场，乐此春秋佳日，酒座簪缨，歌弦丝竹，问何如绿野平原。

这些词，不是吃戏曲这口饭的人是写不出来的，其中寄寓了作者的

多少性情在里面，特别接地气。那是对中国戏曲的一种总结与归纳。若外面的人来写，那是无法出其右的。那首楹联："一部廿四史，演来古今传奇，英雄事业，儿女情怀，都付与红牙檀板；百年三万场，乐此春秋佳日，酒座簪缨，歌弦丝竹，问何如绿野平原。"道出中国戏曲二三百年的古往今来，一派盛事。

这样又过三年，祖母想把这个大家庭放权。目的是让各房自由发挥，而当时和睦的大家庭一家人还都不要分，是颇具开明意识的祖母一再坚持下，只得各自过着各自的生活日子，倒也是和和睦睦。

然而，计划永远跟不上变化。时代在变，俞家分家不久，政府实行互助合作社。却不知究竟是合作还是拆台，时间应该是20世纪50年代了，俞家的私人作坊不能为续了。这也成了俞家的一个转折点，一个时间拐点。

俞氏大家庭中原有长子俞志华，下面还有妹妹俞华美、弟弟俞孝华。不久，家里又添了弟弟俞利华、妹妹俞志妹、小弟俞忠华。俞志华父母为子女起名也煞费苦心，寄寓对祖国中华的厚爱之心。每一个姓名中都有一个华字。尽管名字中都寓意中华有志、中华华美，然而，这也没有摆脱俞家的日以窘迫与式微。

至此，俞家生活开始一落千丈，每况愈下。长子长孙俞志华的衣食虽有祖母及二婶三婶资助，可弟妹们的衣着破烂不堪，以至俞志华母亲"临走"是怀着对遗憾、对祖国的经济改革政策大加赞赏，充满了憧憬，只是光阴不假。

光阴似箭，时间又来到了1957年，俞志华高小毕业，为了减轻家里的经济负担，俞志华毅然放弃继续求学。适时，俞志华欣闻宁波市甬剧团正在招生。那是宁波市甬剧团为了培养后人，在市里公开招考随团学员，俞志华便独自奔向宁波城隍庙隔壁的民乐剧场报名。

宁波民乐剧场位于宁波市海曙区县学街24号，建筑面积726平方米，风格独特，附带着浓浓的古味，给人以舒适的感觉。今天它的主要功能是为地方曲艺演出提供场所及相关服务，保护地方曲艺的传承和发展，是全市唯一的曲艺演出场所，承担各种曲艺演出，满足不同层次的观众文化需求，又保护地方传承与发展，深受老年听众的欢迎。为地方曲艺演出提供场所及相关服务，保护地方曲艺的传承和发展，是全市唯一的曲艺演出场所，承担各种曲艺演出，满足不同层次的观众文化需求。同时又保护地方传承与发展，深受老年听众的欢迎。近年来剧场曲艺发展势头良好，深受江苏、上海、浙江等曲艺团队的厚爱，称剧场为"一流书场、曲艺之家"。

据说，在那个人人都为稻粱谋的年代里，报名当演员不亚于今天招公务员的规模，青年学子无不趋之若鹜。长长的队伍，从头望不到尾，一个个排着队等待初试，轮到俞志华已近黄昏。

那年，俞志华记得自己是13岁，个子不高被黑压压的人群遮得看不到外面，他前面竟有几百号人的长队，有的家人、有的同学大家一起等候排队报考宁波市甬剧团。俞志华一个人，有点落寞似的，静静地等候。轮到俞志华面试时，他收腹屏息地唱了一曲滩簧小调"五更调"。后来，他竟成为了当时剧团里年纪最小的学员。大家都亲切地称呼他为"小小人"。

甬剧，早期曾名"串客"，宁波滩簧。它是源于浙江宁波地区、流行于浙江东部和上海市的戏曲剧种，与浙江的姚剧、湖剧一样，同属滩簧腔系。该剧的起源有二说，一是认为系由宁波地区田头山歌、马灯调融

青年俞志华

合盲人"唱新闻"发展而来；另一说是一些甬剧老艺人认为"串客"与宁波乱弹的合流。俞志华认为，甬剧到上海才成为一个甬剧，要不是它依旧是一个"串客"而已，一个说唱、一种曲艺形式。

今天，若上海甬剧团还存在，比如堇风甬剧团还在，贺显民、徐凤仙还在，那就如同安徽的"黄梅戏"一样，成为上海地方的主要剧种，其影响远远胜过当时"申滩"的"沪剧"，因为上海时称有三分之一的宁波人。可见，中国有一个移民的文化、一个兼收并蓄的包容的文化，才支撑起煌煌大序的华夏文明与文化规模。

那次，待俞志华面试完毕，已是月上柳梢头了。他欲回乡下的船，唯一的交通工具航船已经收工了，也就是说他要坐的"末班车"也开走了。少年不识愁滋味的俞志华，这下傻了眼……四周夜幕重重，这才感到什么叫孤独，什么叫黑暗，什么叫无助……

那是一个"中庭地白树栖鸦，冷露无声湿桂花。今夜月明人尽望，不知秋思落谁家？"的十五望月。他突然想起一段曲文，为自己壮胆。

夜幕重重影零乱
月儿是梦星是缘

假如你是美丽的岛屿
　　我就环绕在你的周围
　　假如我是孤单的岛屿
　　也请你环绕在我周围

　　俞志华硬是第一次独自步行回家,在没有祖母或亲人的陪同下,第一次他一个人在月下走……仿佛自己一下子长大了,成了大人了。

　　俞志华的家里人却焦急万分,又不知他去了哪,又不像今天的通讯如此发达,一个电话便知……家里人只有等待,等待……二更过后他才姗姗地回到家,长辈这才放下心。

　　三天后,俞志华不堪胆怯地去民乐剧场门口黑板上看消息,大有"乡近情更怯,不敢问来人"的忐忑。他四处走走,心里却似小鹿撞怀欲想知道自己究竟考得如何……他怯怯地张望,寻觅着自己的名字。想不到通知复考的七名青年中他是第一位,是榜首,这令他欣喜若狂。他猛然想起一部小说书里的一则"范进中举"的场面,自己不正是如此窃喜一般。

　　届时,俞志华再去复试……随后,俞志华又七上八下地盼着录取通知的快快下达。这时段里的等待之煎熬,只有他自己亲尝才能体会的。大约一个月的热切期盼,花样年华的俞志华总算盼来这一纸录取通知,令他兴奋不已、喜形于色,他是睡梦头里笑出声。他成为一个随团学员,证明他已是长大成人了,他自己能养活自己了。

　　这当然不仅仅是一张纸,它与一个人的天资、努力程度甚至运气的好坏都有关系。它是某个阶段的一个结果,有人欣欣然接受梦想开启的钥匙,有人只觉得尘埃落定、如释重负的兴奋与快慰。

　　家庭里充满着欢乐,可他母亲的眼眶却蓄着泪水,舍不得。儿子小小年纪要出门了,那是"临行密密缝,游子身上衣"的喜忧参半的感觉。俞志华毕竟才虚龄十四岁,还是一个孩子,却要出门立业、赚钱养活自己了。

　　俞志华不解母亲的伤心,还以为母亲与人吵架了。祖母说了声他"呆大",也泪流满面。祖母与母亲还不停地为他准备行李。

俞志华祖母

　　黯然销魂者,唯别而已矣!况秦、吴兮绝国,复燕、赵兮千里。或春苔兮始生,乍秋风兮暂起。是以行子肠断,百感凄恻。风萧萧而异响,云漫漫而奇色。舟凝滞于水滨,车逶迟于山侧。棹容与而讵前,马寒鸣而不息。掩金觞而谁御,横玉柱而沾轼。居人愁卧,恍若有亡。日下壁而沉彩,月上轩而飞光。见红兰之受露,望青楸之离霜。巡层楹而空掩,抚锦幕而虚凉。知离梦之踯躅,意别魂之飞扬。

江淹的"别赋"正道出俞志华家人的一段真实的心曲。

　　俞志华特别佩服与感激祖母的先见之明。俞家阿婆虽是裹足老太,斗大的字不识一箩,应该是一个不谙时事之人。却处处体现出老于世故的本领,比如这次报考。起初,有个人听说俞志华去考宁波市甬剧团,他说:我陪你去,若考不上剧团有个范先生是我的老朋友。后来,俞志华把这件事的原委告诉祖母。祖母便说:"你要去考的话,自己去考。如果你是这块料,没人陪你也考得进。假如不是这么块料,虽然托人进去了,将来也要做回汤豆腐干。再如果凭自己条件进去,你还要一生一

世感谢他呢。"幸亏听了祖母的话,免除后来的麻烦。祖母的先知先觉,令俞志华特别感佩。

是年十月二十七日,俞志华去剧团报到的日子到了。那天,祖母与父亲为他挑着行李与日用品陪他去民乐剧场,从此俞志华离开家庭,真正地踏上了社会。俞志华这才感到鼻子发酸,心里空落落的,他尝到了离家的酸楚与自己赚钱的辛苦……那年,俞志华不到十五岁,尚是童年,一个人花样年华却早早地尝到独自闯荡人生、学会生活的莫名艰辛与无助。

那时,剧团还没有正规的"艺训班"之类来专门培养青年学员,团里也从来没有收过像俞志华这年龄层的演员,其他来学戏的都是初中生以上的。因此俞志华个子最小,人们便称他"小小人"。俞志华却以他的小小年纪,开启了他的戏曲生涯与人生的跋涉。

进剧团的第二天,俞志华就与其他学员一样,上午学唱甬剧《庵堂相会》,该戏讲述了清代末年上海城外的农家女孩金秀英,虽得知未婚夫陈宰庭家寒贫困,却仍对其不离不弃,在婢女红云的帮助下,趁父母上坟之隙于庵堂与陈相会,并约定端阳节时再相见,以便赠银赶考。岂料庵会之事被传,端阳相逢之事又被金父撞见,遂金父诬陈为贼逼其写退婚书,危急时刻秀英赶到,撕毁退婚字据以死抗父。金母不忍女儿受苦,暗暗放女出逃,当金父追至陈家之时,宰庭、秀英已在长工们的帮助下拜堂成亲,结成金玉良缘。

剧中折子"看龙舟"、"搀桥"、"求岳母"……都是滩簧戏经典唱段。沪剧、锡剧、评弹、甬剧多有,以锡剧影响最大,"问叔叔"更是耳熟能详,音韵犹耳畔,声声正响起。俞志华烂熟于心了……

下午,俞志华去"艺人之家",由滩簧老艺人、曾是一代甬剧皇后徐凤仙的南词先生柴彬章,来教授他四明南词"西湖十景"。四明南词那是甬剧的基本曲调。它也叫"四明文书",曾称"宁波文书",为曲艺的一种。即用宁波方言说唱的弹词,就像用苏州话说唱的评弹。也分生、旦、净、末等分角色演唱,后发展为一人自弹三弦演唱,一人打扬琴伴奏,也有二三人加用琵琶、二胡等伴奏的。唱词一般为七字句,有《珍珠塔》《玉蜻蜓》《双剪发》等三十余部。就是在那时俞志华戏曲心路中最为难得的一段滩簧积累,竟为他今后的戏曲之路打下硬实的基础,甚至终身受益。

江南各地的说唱曲艺,形式多种,生动活泼,表现当地百姓的喜怒哀乐而兴观群怨,如同小溪小河潺潺之流,跌宕多次又互相汇聚,共同奔涌而有的渐渐演变成了舞台综合艺术——剧种。滩簧吸收其他滩簧的营养成了今天甬剧的前身。国剧也是如此,无不受其他的影响而成了京戏。京戏是在(安徽)徽戏和(湖北)汉戏的基础上,吸收了(江苏)昆曲、(陕西)秦腔等一些戏曲剧的优点和特长逐渐演变而形成的。清乾隆55年徽戏开始进京。三庆班、四喜、和春、春台,史称"四大徽班"。京剧的腔调以西皮和二黄为主,主要用胡琴和锣鼓等伴奏,被视为中国国粹。它的行当全面、表演成熟、气势宏伟,是近代中国汉族戏曲的代表。

京剧较擅长于表现历史题材的政治、军事斗争,故事大多取自历史演义和小说话本。既有整本的大戏,也有大量的折子戏,此外还有一些连台本戏。

据老艺人传说,清朝乾隆皇帝下江南时,曾到过宁波,并在白衣寺章状元家住过。听了宁波文书,十分赞赏,说:"此乃是词,不应称书。"由此宁波文书改为四明南词。还有传说:乾隆回京时,叫了一班南词艺人进宫演唱,自己也学。俞志华笑言,那只是不实际的传说而已。

四明南词用宁波地方语言说唱,以唱为主,演唱者自奏自唱,唱词讲究平仄格律,曲调有"上中下韵"之分,"赋调""词调"为基本曲调,其唱腔对甬剧和宁波走书有较大的影响。系宋代的陶真,明代的弹词演变而成的浙江曲种,流传至宁波城区和郊县。清末至民国初期为鼎盛期,二十世纪四十年代开始衰落。

其中,较有名者有滕云清、陈世卿、戴善宝、陈金恩、何贵章、柴炳章、陈莲卿等。镇海蛟川走书艺人汤鑫森与高礼刚之父也唱南词。所以蛟川走书中有不少渗融南词的曲调。从伴奏的乐器来看,也都是用音色柔和的"文乐器"("文乐器"一语为南词界行话,也有称"文场")。四明南词使用的乐器最基本的为三弦、扬琴、琵琶三档。

四明南词堪称集唱、奏、念、白、表相间的表演形式,主唱人要有"一白、二唱、三弦子"的硬功夫。其常用曲调有词调、赋调、紧赋、平湖、紧平湖,俗称"五柱头"。调和调式转换较多,也有板腔变化。最终,四明南词成为甬滩乃至甬剧中的最有影响的曲调之一。著名甬剧代表人物徐凤仙、金玉兰也曾学过南词并将其带入甬剧的演唱中而丰富与发展甬剧唱腔。

可是,此时的俞志华在剧团的好长一段时间里,包括他自己也弄不清自己嗓子怎么与其他男生不同调。大家误以为俞志华分不清高低音,一位六十岁的老艺人,大家称他"筱招姊婆",根本不懂乐理的她,对俞志华大声呵斥。对他说高音喉咙重一点,低音喉咙要轻一点。这样的盲区迷了好几个月。后来才知俞志华还是童音,还在变嗓之中。一般只有待儿童变嗓后才定他应该唱哪个角色合适。那是"开叫的小公鸡,再经磨砺才会叫得雄壮洪亮吧"。

男孩一般在13岁进入变声期,15岁时几乎全部男孩都已进入变声期。变声期长短不一,短者4—5个月,长者可达一年。变声期相当于声带的发育期。正在发育的声带,都有轻度炎性水肿,外界不良刺激容易造成声带永久性损伤,因而在变声期要保护嗓子。不应该大声喊叫,这样会更加促声带水肿,影响到声带的发育。

时间到了1958年初,宁波文艺界及至全国停止演出,各剧团都集中到宁波四中参加整风运动。而这一运动,他一个"小小人"根本挨不着边,却也不能闲着。那是当年的一个"冷幽默",即给他只知打瞌睡的"小小人"一个"政治任务",就是领导让他看管一个叫陈白枫的监督分子,让他写检查材料。

所为整风运动,那是政治大气候的产物,源于毛泽东的《改造我们的学习》、《整顿党的作用》、《反对党八股》。据称,从遵义会议后党内还存在许多严重问题,如党的历史上几次"左"右倾错误、主观主义、宗派主义、党八股。抗战爆发后,党吸收了许多出身于农民和其他小资产阶级的新党员,他们组织上入了党,思想上并没有完全入党,这也为党内滋长不良思想作风提供了土壤。为了解决上述问题,1942年春天起,中国共产党在全党范围内展开了一次整风运动趋而推向全国。继而酝酿了一场"史无前例"的文化革命,全国处于半停止、半混乱的政治环境之中,成为中国历史的一段无法明说的"自羞"。

最有意思的是,俞志华与陈白枫两个人呆在一个小房间里,俞志华平时称他为"白枫爷叔",这倒好,小人管大人。陈白枫也坦率地说:"小小囡,你睡好了,如果领导来了我会叫你的。"俞志华笑傻了,真不知他管我,还是我管他。这是非常时期的笑话。

在俞志华印象中的陈白枫爷叔是个很不错的人,根本没有什么反党议论,都是"莫须有"的罪名。而领导特意将他划为右派,这是个别人有意为之的安排。俞志华记得,几个月前尚没有搞运动时,剧团正在邱隘演出中,就有领导叫一个师姐抄写材料上交。可见,所谓右派根本不是在运动中产生的,而是早已蓄谋已久的。

剧团演出,俞志华因为年龄小一般不参加的,只偶然有登台的机会演出,比如《田螺姑娘》中的儿子,《无花果》中的外甥。因为人小,倒也讨观众缘。尤其,1958年夏天剧团来到杭州市东剧场演出《无花果》,其中外甥一角俞志华竟演出出彩,得到普遍观众的青睐。正巧,剧场门口有家面店,大家认识俞志华饰演的外甥。所以,凡是俞志华买面,一碗面总有两碗的料,剧团里知道后都叫他去买。

直到1958年年底,三面红旗指引下,剧团开始精兵简政,领导动员俞志华回家读书,待初中毕业再来剧团。俞志华在区所在地迁移户口时,当

时称公社，俞志华被公社文书发觉，俞志华来自剧团，就安排俞志华安排到区政治文工团任演员。想不到的是，俞志华去了文工团以后，由于他这个"小小人"大受欢迎，曾在甬剧团里是个小学员，在这里俞志华竟成一个"小老师"了。因为，其他人都来自农村的农民，没有正规训练过。

可几个月后，这个脱产的演出团体，沦落半脱产下放公社的蔬菜大队，边演出，边种地。然而，在一次调演中，俞志华被宁波文化处（即现在文化局）沈江发现，批评俞志华为啥不去读书，因而，他通过宁波市委发文件，将俞志华调回甬剧团当学员，回去之时已是1960年的6月份。

俞志华兜兜转转、进进出出的路径，就是中国那些年的大环境使然，谁也说不清，哪是那……有缘的是，这次俞志华回甬剧团，多了一批与他相仿年龄的、从戏曲训练班出来的同学。由此，剧团特意安排几出"小人戏"，比如《鸡毛飞上天》、《海岛小民兵》。

但是剧团终究是"铁打的营盘，流水的兵"。

## 似水流年

俞志华跌跌撞撞的学戏之路，巅来倒去，正逢上中国戏曲的改革期。随着日子的一天天流逝,淘汰了一批同学而转行,不久剧团只剩下俞志华及几个学员了。

1957年不满14周岁的俞志华成为甬剧团中年龄最小的学员,曾扮演《田螺姑娘》中的儿子、《无花果》中的外甥这样的小配角,大家唤他"小小人"。因为"小人戏"排不了,"大人戏"又挤不进,于是老艺人们动了个脑筋,请个1957年退休在赋闲的老一辈艺人张德元,他是教徐凤仙学滩簧的先生。请他来向俞志华传授传统滩簧骨子戏,比如《卖草囤》、《扒垃圾》,又请筱彬云老先生教他《双磨豆腐》……这令悟性极高的俞志华受益多多,可以不谦虚地说,如今,俞志华是甬剧界唯一一个学过滩簧"草花"老戏的人。那是一个缘,成就了他一个意外收获。

那是一次甬剧老艺人徐秋霞发现了这棵好苗子,却看着他每天只是跑龙套,成不了大器。于是建议剧团领导,不如让他学宁波滩簧,一方面打实专业基础,一方面使传统艺术后继有人。

宁波滩簧演员的行当很简单,女角统称"旦",男角分为"清客(小生)"和"草花"。或许严格意义上,青衣(工唱)唯有京剧,其他一概称旦角(擅演)。宁波滩簧,那是甬剧的前身,甬剧中一些戏曲程式就是来源于滩簧,但滩簧早已被束之高阁。后来,剧团领导请来当时已经63岁的老艺人张德元,专门辅导俞志华。张德元与筱彬云、柴鸿茂并称为宁波滩簧三大"草花(丑角兼反串老旦)"。正是这个时候,俞志华开始涉足草花戏而受益匪浅,而成就了他的演绎天分,也为他日后的"草花"专业户打下了基础。

甬剧"三大草花"之一的张德元成为俞志华的戏曲启蒙,领导又派宁波滩簧四大名旦之一的金翠玉之徒金小玉陪练。张德元教给俞志华的第一项内容就是他的拿手好戏,也是草花戏中最见功底的剧目《卖草囤》。他对俞志华手把手栽培,另一位先生沈桂椿也日日督促。三个月后俞志华在镇海剧场汇报演出,得到戏曲界前辈的首肯。此后俞志华又学了筱彬云的《双磨豆腐》和张德元的《扒垃圾》、《呆大烧香》等草花戏。

当初,俞志华还年幼,他很抗拒、不肯学,委屈地说:"为什么没人学的东西让我学呀?"张德元不气不恼,他摸着"小小人"的头说:"一招鲜吃遍天啊！"张德元很耐心，手把手地教俞志华表演技巧，怎样使底下观众哄堂大笑，怎样让观众骤然安静，关键是把握好说话的语速和戏剧节奏，还有就是喜剧天赋了。

生活中，他对俞志华像对待亲儿子一样。有一年生日，俞志华自己都忘了，师傅却记在心里。他把妻子做好的热气腾腾的鳗鱼鲞端到俞志华面前，让他吃"生日饭"。

宁波滩簧是甬剧的前身，没有滩簧即无甬剧一说。现在学甬剧的演员，往往断层，他们没学过滩簧，没有滩簧小戏的浸润，那是很大的损失。就像学现代汉语，若没有古汉语的熏陶，那是学不好的，也是走不远的。作为一个优秀的演员，那更是如此。应该补一补滩簧这门课，只是没有人能真正理解。今天的梅花奖、白玉兰奖得奖者，是否更应该补补这门课。没有传统，就没有现代的传承与发扬光大。

有缘的是，在此之前，俞志华还学过一折滩簧戏《翁郎中》，这是沈桂椿教他的，这些都是宝贝。滩簧是甬剧发展的土壤，不重视土壤与根，那树枝与花冠是长不了的。没有土壤与根的发达，如何可能杂树生花。

用俞志华的话说，滩簧骨子老戏，那是沉到土地里，又在土地里开出花来的艺术，有底气，有根脉。那是甬剧之根之魂。只是有些人不明白，学戏学什么，往往本与末分不清，那是很遗憾的事。比如学戏，谁会学滩簧戏，一者没有学，一者老师自己没有这方面的浸润如何来教。有的人甚至连这方面的意识都没有啊。就像学汉语，不学繁体字，不学古汉语。那汉语就是空中楼阁，基础不牢。那是断层，那是文化断层，还不知道。

俞志华称沈桂椿为先生，因为，沈桂椿原是俞志华学唱腔的主教老师。虽然，沈桂椿对俞志华攻"草花"很有意见，那是后话。但是这并不影响他们的情同父子。俞志华深情地说，今天我在艺术道路上的每一点进步，如果有一点成绩的话，那都归功于张（德元）派，同时，俞志华也忘不了他称之为老师的黄君卿先生。

俞志华大量的舞台实践都是黄君卿的 B 角，他对俞志华的成长帮助很大，黄君卿毫无保留地传带身教。最有记忆的是，《亮眼哥》中的丁郎当一角,黄君卿还曾经指派俞志华"辅导"上海越剧团饰演丁郎当的陈采君老师。

当时,剧团里没有专门的戏剧训练班,老演员们日夜忙于演出,没有空闲教他。那段时间里,俞志华只能偷偷地练习唱念做打,偶然有机会登台,扮演的也是一些无足轻重的小角色。比如像《田螺姑娘》中的儿子、《无花果》中的外甥等。但是,他不过瘾。"小小人"的俞志华却有野心地说,只要假以时日,他定能登台演大戏,成为一个角,"非我莫属"。不想当主角的演员,不是好演员,俞志华具备了。

时至今日,俞志华仍然忘不了那些言传身教栽培过他的恩师——张德元、筱彬云、沈桂椿。还有,每当他登台演出时,著名甬剧演员黄君卿、王文斌两位老师都会亲自为他伴奏、指点。在诸多老师的悉心培育下,俞志华进步飞快。

俞志华和师傅张德元同台演出甬剧《三县并审》,师傅演长工,他演店小二。没有任何心理准备的他,战战兢兢地上台了,一看底下几百号人,他的大脑一片空白。看到师傅投来的鼓励眼神,他紧张的情绪才稍稍镇定下来。或许,这是他最初舞台实践的历练与经验的积累。

后来,他陆续上台演出了《两兄弟》中的丁有宝、《好姑娘心里不平静》中的金银龙等小生戏和《一百个放心》的老生戏。但俞志华更倾心于《金生弟》中的小台州、《亮眼哥》中的丁郎当、《五姑娘》中小六子那样的"草花"角色,这样的角色才能让他人戏合一,他尝到了甜头。

然而,20岁刚出头,正是俞志华的戏剧之花含苞待放时,"文革"开始了,剧团解散了,他又去了工厂当工人⋯⋯曾经,俞志华还受到甬剧一代大师徐秋霞的褒奖,夸奖俞志华创造的有些角色比同等的老师还好⋯⋯无奈,文化大革命开始了,文艺式微被打入冷宫。他如花似玉的年华却生不逢时渐进地陨落。一切文艺剧团停止演出。

然而,那些年、那些事,总令俞志华无法释怀,有些甚至刻骨铭心。他对老师严父般的教诲与慈母般的爱护,俞志华充满深深缅怀与敬意。但是,一些行政领导的做派,令他失望乃至愤懑。若说是恨之入骨也不过分。以至俞志华几次欲离开剧团却未遂心愿,令他耿耿于怀。

只是光阴荏苒,岁月如流。俞志华还是时常想起那些人与事,往事如何成烟,那是俞志华的生命记忆,无法割舍的一个生命之旅。

当年,国家粮食困难,政府发送一些照顾演员的罐头食品,负责总务的人将8角一听的黄豆烤肉发给高工资的演员,像俞志华等15元一月收入的学员,只能各吃3元一罐的水果罐头。

更有一次,剧团食堂饭菜票刚发放,俞志华将其全部给掉进民乐剧场的水池里,领导一旁也看见却无动于衷,害得俞志华一个月里勒紧裤带,只得挨饿度日。其实饭菜票只是内部票证,这位领导完全可以为他解难,完全可以补救的。可是,这领导视而不见,不管俞志华的死活,太不仗义。

还有更气人的是,剧团对俞志华的学徒期延长。问他原因、为什么,他竟说不为别的,就是因为你对文化局长不尊重,背后唤他名字。一年的延长期到了,俞志华对他说,日子到了,若无前途我想转业。这位领导回答他,谁说你没前途,不过你还得延长,因为你的人生观不对。后来,俞志华知道,所谓人生观不对,是俞志华等人在闲谈,讨论究竟是天冷好,还是天热好,大家感觉不一。俞志华开玩笑说,那以后将来我生两个儿子,一个去黑龙江,一个去海南岛。到那时,我热天去黑龙江,冷天我去海南岛。想不到这句区区笑话,竟也是一罪状,把它写进了领导年终总结里,甚至连省文化局王顾明局长也在省里作为典型材料作批评,让俞志华觉得实在太可笑了。这些竟是剧团对俞志华延期再延期的依据。真是莫大的笑话,至今令俞志华无法释怀。

那些年、那些事,令俞志华深深纠结,情以何堪。

# 第三章　戏迷：不痴不迷不成戏

春在绿窗杨柳，人与流莺俱瘦。
眉底暮寒生，帘额时翻波皱。
风骤，风骤，花径啼红满袖。

## 草台历练

所谓"草台",一般是指乡村、集镇中的露天庙台,或是临时搭建的非常简陋的土台。过去,经常到这些地方演出的班社,大都是些设备简陋、演员较少的戏曲班社。所以,后来常常受人轻视,贬之为"草台班子"。其实,"草台班子"更接地气。如果认真予以总结、加以发扬,对于戏曲今后的繁荣、发展,有着很多值得学习、借鉴的优点。因为,它没架子而是有着广泛的群众基础,最为历练演员的成长。

草台班子轻装简从、人员不多、行动方便,能够深入到最基层,无论是晒场、田头,还是广场、空地,锣鼓一响,观众涌来,便能演出。它们最能接近观众,并且最能了解当地观众的审美情趣,尽量满足观众的欣赏需求。因为"草台"的观众是最不留情面的,你演得好,他们会大声喝彩;你唱砸了,他们马上就会轰你下台。这样,势必要使演员们全神贯注、非常卖力地演好每个细节,否则他们看得不顺心,屁股一拍拔腿就走,台下稀稀落落,那又有多么难堪?其次是锻炼演员的功力。

草台的条件简陋,不可能像正规舞台,有那么完备的灯光、扩音设备。这就要全靠演员的真实功夫取胜,容不得半点投机取巧。首先,演员要有一条好嗓子,不是遮云盖月,也得钢嗓铁喉。在旷野之中,要像一声春雷,压倒台下的一片嘈杂之声,这非得勤学苦练、久经磨炼,才能达到这种境界,一种真工夫。

现在很多青年演员,没有嗓子,也不锻炼,仅仅凭着胸前藏着个无线话筒轻轻哼哼,把演艺生涯视作稻粱谋的"职业",居然也能得到戏曲"新秀"、获得著名"艺术家"的桂冠。可是,若到"草台"演出竟会露馅,没有好嗓子,在台上像蚊子哼,谁来听你?另外,"草台"的构筑比较简陋、台面硬实、高低不平,在这上面翻摔表演,有很大的难度。如果不具备过硬的功夫,又如何能从容应付,表演出色?所以说,"草台"是锻炼演员的最好场所!

事实上,过去很多著名演员,都是"草台"出身。一代宗师如周信芳、盖叫天,幼年时也都是在农村、集镇上的"草台"摔打锻炼,方始逐渐成熟,才成为一代名家。被京剧界誉为"国剧大王"的谭鑫培,青年时代嗓子"倒仓",在城里站不住脚,便长期在四乡的简陋"草台"上演出,成年累月地随着大车四处流动,使他开拓了眼界,增长了知识,充实了功力,提高了演技。等到他掌握了高超的技艺,羽毛丰厚、重新回城、登台演出,恰如脱胎换骨,令人刮目相看。谭鑫培如不经过"草台"这个熔炉的锻炼,岂能轻易达到如此炉火纯青的境界——甬坛民间艺人俞志华是也,成为民间甬剧的代表人物也就不难理解。

这样的例子比比皆是,昆曲界的精英——周传瑛、王传淞在建国前穷愁潦倒,长期搭在由朱国梁领衔的小小的"国风"苏剧团内,他们与张氏三姐妹风雨同舟、相依为命。全团仅仅只有七个演员,一条破舟,没有行头,缺少乐器,漂泊四乡,含辛茹苦。既唱苏滩,也唱昆曲,就在江南水乡一带流动演出数年之久。建国后,一出轰动全国的艺术精品《十五贯》便出自这个当初受人轻视、寒微困苦的"草台班子"。

俞志华最心痛的是,现在戏曲事业最大的弊病。一是脱离群众,大搞"院体戏剧"的高大上,为了获奖只想投领导、专家所好,对于当地群众的欣赏口味与剧种发展置若罔闻,无暇他顾。以致使甬剧观众面越来越窄,市场越来越小,沉沦孤芳自赏的地步,以致偃旗息鼓。二是演员功力衰退,青年演员的艺术水平每况愈下,不愿刻苦锻炼,不想精益求精。

据说,很多戏曲剧团居然已经没有喊嗓、练功的正常制度。有些青年演员嗓音轻微,犹如那些唱流行歌曲的歌星,只能凭借话筒,轻哼出声,全没有美声唱法的音乐家那凭真功夫取胜的气势。这种糊弄观众的表演,又怎会赢得广大的戏曲知音?又怎能使戏曲艺术得以提高?——俞志华痛心疾首。

俞志华身体力行的"草台"精神,就是总结"草台班子"的长处,深入群众,刻苦锻炼,提高质量,还戏于民。唯有这样,才能促使戏曲艺术不断繁荣、发展,也才是"出人出戏走正路"的正确途径!

俞志华自己最擅长的是反串旦角与丑角,传统的梨园行男演女或者女演男(乾旦坤生)现象十分盛行,且别有一番风情。代表人物有大

家耳熟能详的梅兰芳和孟小冬。而如今，女老生、女小生还不算少见，比如越剧界的领军人物茅威涛，京剧的王佩喻都是有口皆碑的代表人物。只是，男旦真的是非常稀少了，男老旦更是少之又少。俞志华是一个仅剩的，将男老旦进行到底的戏曲"风景"。

甬剧的前身，宁波滩簧中的"草花"就是丑角，一般反串老旦，曾经赢得过无数观众的笑声，如今业已销声匿迹，俞志华令人耳目一新，将"草花"角色引得观众笑声不断的丑角兼反串老旦。俞志华一位年近古稀的老人，仍然坚持着、守望着日渐式微的"草花"艺术，自编、自导、自演了一系列草花剧目，在鄞州电视台《桥头老三》栏目里以"俞家婆婆"出镜。

有记者这样写他，初见俞志华，是在一个寒冷的冬日。紧裹的黑色棉衣，并没有削弱他丰富的肢体语言。他的声调或低或高，他的面部表情生动有趣，堪称戏份足。戏剧艺术似乎已经融入他的生活，融入他的每一个细微表情的皱褶里。其实，生活给了俞志华创作的灵感与动力，说起剧本他是笑若桃花，仿佛进入角色。

尤其，"东方日出红火火，房里厢走出我胡阿大。自从嫁到这里媳妇做，算算年头有廿年多。可惜夫妻难到老，老头子十年之前见阎罗。

俞志华反串旦角（右三）

总算得这户人家有结果，我给他生下儿子有两个。阿大忠厚人老实，百依百顺孝敬我。二儿子相貌好人聪明，人家叫他是呆大"。——这是俞志华在其自编自导的甬剧《婆媳和》中反串老旦时的"念白"。

俞志华"她"捏着佛珠，踩着小碎步，跷着兰花指，或怒目圆睁，或击掌撇嘴，把婆婆胡阿扈的颐指气使、专横跋扈演绎得惟妙惟肖，火候把握得恰到好处，成为一个戏曲经典人物。这是俞志华最擅长的表演之功。

2010年上海世博会期间，俞志华正是携此剧踏上上海兰心大戏院舞台，上演《婆媳和》，观众的笑声和掌声此起彼伏。那是一个"角"的气场。当时，兰心大戏院的负责人邀请俞志华翌年6月赴沪，参加戏院百年庆典。他如期而至，演毕谢幕，观众争相与他合影。获得沪上宁波同乡的连连叫好，乡韵犹闻，这天的兰心剧院成了宁波人的节日，乡音阵阵。俞志华功不可没。

上海有位宁波籍作者在他的《甬剧史话》一书中，有一章节专门介绍俞志华，评价他反串婆婆一角，"风采不减当年，唱腔板式流畅，表演精深，舞台经验丰富"。那不过分，他当仁不让，不输给专业演员。那是他多年的舞台积累与对甬剧的执着。作为一个男人，写戏和演戏中，如

俞志华（左）演出《婆媳和》

何做到精准地揣摩女人的心思，尤其是婆婆和儿媳之间微妙的关系？俞志华说，源于生活的积累与观察。

《婆媳和》与其说它是一出甬剧，还是不如说是一出滩簧戏更贴切。戏剧以剧情故事为主线，戏曲以纯粹的表演为主。因为，我称其为滩簧，那是更富于表演性、娱乐性，故事线索已不重要。重要是看演唱与表演，那是这出戏的魂，与剧情无关。

故事讲了婆婆因为新婚儿媳曹珍珍与自己生肖相冲，因此对其百般虐待，直到将她驱逐出门。后来，二媳妇张银银为了使婆婆回心转意，婚后以同样的方式故意刁难婆婆，婆婆只能逃到兄弟家中。当婆婆身患重病时，在舅父家避难的大媳妇曹珍珍以德报怨，精心侍奉。婆婆深受感动，从此一家人和睦相处。

戏曲来自生活，生活是任何戏曲之源。当然还包括编剧导演演员的对生活的提炼与悟性。天时地利人和，一个也不能少，俞志华是一个杰出代表，是甬剧的福。

甬剧的领军人物王锦文，也对俞志华敬佩有加，几次邀请俞志华上甬剧团为演员补补滩簧这门课。滩簧是甬剧的根，包括韵辙的运用，若再不重视，甬剧只是话剧加唱，丢了甬剧之根。比如古代诗歌的韵脚，她使文字有音韵美、有乐律美,更便于演唱,那是一种戏曲程式。

早在2004年,俞志华与下应一群老人"寻开心"般地组织一个文艺队,因为都是种田出身的"红脚梗",俞志华在那里担任指导。起初,这个团队,一无人才、二无资金、三无剧本。俞志华很是为难,基础太薄,却出于他们对甬剧的一腔热情,俞志华是硬着头皮,是逼上梁山硬是白手起家地将下应甬剧团经营得风生水起,连连为人称誉。

俞志华先是自己写适合自己剧团演出的剧本,移植滑稽戏的《明媒争娶》而创作了《桂英与桂珍》、《连环案》等三部清装大戏。俞志华的初衷就是扬长避短,绝不与其他剧团撞车。俞志华以一己之力,自己演主角而渐渐地培养演员,并联络一个热心人,拼凑千余元,置办了一批服装,排了二三个月,只演了三十九场,终究因管理不善而无疾而终。

2007年,得到下应街道领导的支持,剧团重新组织起来,为此宝刀不老的俞志华潜心创作了《婆媳和》、《老爹泪》移植了《贬官记》,缘此,俞志华又创作了《坐错花轿》、《乡下贵发哥》、《烂冬瓜传奇》和现代戏《团圆之后》、《明月村》,受到观众普遍叫好。下应甬剧团也因这类戏而被评为"天天演"最受欢迎的唯一团队。也是年年演出同等剧场的最高纪录,平均年年都上演百场。部分剧目在鄞州区演出团队相继拔得头筹。《婆媳和》、《乡下贵发哥》各演出达200余场,成就鄞州区演出的"半壁江山"。另有《凤吞王升大》,近代戏《上海滩上李家门》。直至2011年6月,俞志华另有使命而离开剧团,期间俞志华培养了多位甬剧演员。

有人说,当年的下应甬剧团有"两宝",之一就是俞志华对甬剧的敬业之情。他曾是一个专业演员,擅长"草花",有较高的艺术素养,曾师承甬剧老艺人张德元,又向沈桂椿、黄君卿学习滩簧老戏。他说,甬剧要两条腿(清客、草花)走路,由此,他为剧团量身定制了《明媒争娶》、《连环案》、《桂珍与桂英》等三台大戏,且一炮打响,连演39场,得到了观众的肯定和好评,并创下甬剧团的不凡业绩,以至他的"拔口(念白)"也是满堂彩,这是一种荣誉。

热爱甬剧、视甬剧为生命,且颇有观众缘的俞志华,当年60有余的他,言谈中有丰富的肢体语言,举手投足间,给人以一个"民间艺人"的形象。尤其,他在自编自导的甬剧《婆媳和》中反串婆婆胡阿大,惟妙惟肖的表演赢得广泛赞誉。俞志华风采不减，以其唱腔板式流畅、表演精湛、舞台经验丰富而著称。虽然，他饰演的恶婆婆令人憎恨，可是他的人物丰满，表演得体而好评如潮。

演员们无不动情地说，金杯、银杯不如老百姓口碑。下应甬剧团，当之无愧。缘此，剧团荣誉多多，2006年鄞州"八荣八耻"主题文艺汇演获优秀节目奖；2008年鄞州区"星光大舞台"获戏曲类优秀演出奖；2008年参加全国民间滩簧汇演优秀剧目奖。成就2007年连演71场，2008年的91场，以后年年增加，约有百余场，可喜可贺。俞志华功不可没，堪称台柱子。

## 编导一身

俞志华离开剧团后在水表厂、塑料厂工作的三十多年里，虽然脱离了甬剧，却从未忘记过舞台。每年至少有3个月的时间，他都被邀请在宁波工人文化宫等地方演出，甬剧依旧是他的舞台梦。

光阴荏苒，俞志华转瞬到了退休年龄，了无牵绊的他心里最念的还是甬剧，他的生命属于"草花"。于是，他回到家乡鄞州下应，和友人一起创建了民间甬剧团。他认为，甬剧有"清客"、"草花"两种风格，专业剧团演的剧目绝大多数是"清客"类，也就是小生戏。而"草花"风趣幽默，一个又一个的喜剧包袱，能让观众从头笑到尾，不生疲倦冗长感，那不是人人能演的角色。"草花"艺术更不应该被湮没，应当传承下去——非他莫属——只是俞志华没有舞台，这是最大的遗憾。

俞志华说，传承最大的问题是没有剧本，怎么办？自己上！学历不高的他捧着字典，让脑海里活灵活现的舞台形象跃然纸上。写戏需要一气呵成，中断了再写，那股浑然天成的气就连不上了。为此，俞志华变换了作息时间。他习惯于深夜写作，夜深人静的时候总能迸发艺术的灵感，也适合发挥舞台想象。写戏的那几天，每天吃完饭，他就开始睡觉，睡到9点起床写作，一直写到第二天中午。

功夫不负有心人。几年来，他创作了清装戏《老爹泪》、《乡下贵发哥》、《烂冬瓜传奇》、《桂珍与桂英》、《连环案》,近代戏《上海滩上李家门》,现代戏《团圆以后》、《明月村》等大型甬剧剧本。下应甬剧团进而走出乡村,走进上海,声名远播,俞志华劳苦功高。如今,俞志华虽然年逾古稀,可他视甬剧为生命,且颇有观众缘,他的艺术人生正如日中天。

因俞志华在《婆媳和》里对婆婆入木三分的表演,鄞州电视台邀请他主持"桥头老三"栏目。他穿上戏服,扮上"婆婆",主持的"俞家婆婆淘老古"很受观众追捧。

是年,宁波老字号的王升大第四代传人王六宝找到俞志华,邀约他为百年王升大写剧本,宣传与弘扬宁波帮诚信的经营理念,他们英雄相惜,一拍即合。不久,一部甬剧《凤岙王升大》诞生,2013年9月,俞志华创作的反映百年老字号"王升大"创业史的《凤岙王升大》,巡演后反响很热烈。

那年,该剧与俞志华创作的《乡下贵发哥》、《婆媳和》,正在参加宁波市第二届甬剧业余剧团优秀剧目。俞志华身兼多职,在宁波市巡演的甬剧《凤岙王升大》中,集编、导、演于一身,更是屈指可数的"草花"演员,无人出其右。

剧中,说的是一个清光绪年间,在鄞西青垫王鸬鹚村,有位以种田及鸬鹚捕鱼为生的村民王兴儒,平生乐善好施。后受乡亲们的启发与鼓励,遂在离青垫三里之遥的鄞西凤岙市开了一家"王兴记米店",该米店因"升大量足,老少无欺",生意十分兴隆。因此引起了凤岙"陆福财米店"老板娘陆美兰的嫉妒,于是陆美兰伙同其姘夫——鄞县县役白阿三,设计陷害王兴儒。他们指使下人在从王兴记米店里征购的军粮里掺沙石,并派人绑架了王兴儒孙子。最后王兴儒在众乡亲的鼎力相助下,终于化险为夷,坏人也得到了应有的惩罚。

剧终,县令获悉王兴儒的种种善举,为王兴记米店正名,亲笔题写"王升大"。该剧告诫世人,善有善报,为人不可邪恶的道理。

该剧由甬剧编导俞志华撰写,体现了宁波老字号"王升大"的创始人恪守"经营诚为本,买卖礼当先"的理念,值得现今的商家借鉴。该剧由塘西甬剧团演出。据介绍,剧团成立已有五六年时间,平常主要在鄞州、奉化等地演出。今年上半年,剧团进行了一次演员调整,补充了不

俞志华（左）

俞志华（中）

少年龄四五十岁的新鲜血液。今年是第一次来参加展演，为的是锻炼队伍、展现风采，也能和兄弟剧团交流经验。

俞志华将该剧本设计为六幕，剧情全系真人真事改编，以王兴儒养鸬鹚捕鱼起家为引，缘起一句嬉语在青垫开了米号，生意做大后迁往凤岙。整个剧本将王氏体恤贫民好善乐施、铺路造桥修凉亭的事迹贯穿起来，并演绎得淋漓尽致。随着剧情的进展，令人宛如穿越到光绪年间，行走在风景如画的凤岙溪边，但见一身正气的王老板身着青衫，在店堂里叮嘱伙计量米时务必多留一角让利于民。

观剧，仿佛令人徜徉在一百多年前风景如画的鄞西平原上……清朝光绪年间，在鄞西青垫王家，有位以种田及鸬鹚捕鱼为生的村民王兴儒，平生乐善好施。

有人撰文称，《凤岙王升大》虽然最终没有摆脱"恶有恶报，善有善报"的窠臼，但是我却觉得它的结局十分真实。因为青垫王家的人曾经告诉我，土地改革时，王兴儒的儿子王阿林虽然成分被划为地主，但是没有遭受迫害；文革时也没有被批斗，仍旧在凤岙供销社工作，村里人见了他都十分客气地称他为"王先生"。村民们对王兴儒后人如此宽容，可以算是对善有善报的另一种诠释吧。看来，"人心是秤"这句话真

是至理名言。王升大的创业故事像一坛被时光储藏的美酒,虽然经历了一百多个春秋,但仍旧氤氲着芳香和醇美。这个故事虽然发生在清朝,但是对今天的我们仍旧有教育意义。孟子说得好:"老吾老,以及人之老;幼吾幼,以及人之幼。"我们这个社会同样需要像王兴儒这样的人:勤劳、善良、乐于助人……

再说,"文革"中宁波甬剧团解散,二十出头的俞志华便去当了工人。十余年后,剧团复活,他却因家庭原因难以回归。到了退休年龄的俞志华回到家乡下应重操旧业,和别人一起鼓捣起民间甬剧团。虽然团员都是门外汉,但俞志华很有信心,他认为甬剧有"清客"和"草花"两种风格,农村观众更喜欢看喜剧色彩的"草花"类剧目,这是他们的大好机会,人称"草花专业户"。他自己动手创作剧本,从"旧瓶装新酒"的《婆媳和》开始,创作了清装戏《老爹泪》、《乡下贵发哥》、《烂冬瓜传奇》、《桂珍与桂英》、《连环案》、《坐错花轿》,近代戏《上海滩上李家门》和现代戏《团圆以后明月村》等,创作新剧目数量为全市同等剧团之最,剧团的演出场次也创全市同类剧团之最。

为此,《甬剧史话》作者在其书中欣然地写道:"热爱甬剧、视甬剧为生命,且颇有观众缘的俞志华,他在自编自导的甬剧《婆媳和》中反串婆

俞志华（中）演出《看错人头》

婆胡阿大，惟妙惟肖的表演赢得广泛赞誉。虽然他饰演的恶婆婆令人憎恨，可是他饰演的人物丰满、表演得体而好评如潮。俞志华以其唱腔板式流畅、表演精深、舞台经验丰富而著称，风采不减当年。"

《乡下贵发哥》《婆媳和》《老爹泪》等都是俞志华潜心原创的剧目。这些剧目有的反映现实生活，弘扬时代精神，有的根据真人真事改编、彰显地域特色，不仅体现了宁波业余甬剧表演团体继承传统、勇于创新的不懈追求，更代表了他们创、排、演的最新成果，为甬剧传承培养观众与演员，俞志华劳苦功高。

有人戏称，俞志华是业余甬剧的领军人物。那是戏言，却也道出他在业余甬剧中的地位，不可小觑。

## 桥头老三

俞志华对甬剧怀有敬畏之情，戏曲是他的一个安身立命之地。他曾是一专业演员，擅长"草花"，有较高的艺术素养，曾师承甬剧老艺人张德元，又向沈桂椿、黄君卿学习滩簧老戏。俞志华的演戏经历，正是

俞志华饰俞家婆婆

见证了甬剧发展的几个过程。他本人就是一部从滩簧到甬剧的史书，并身体力行地践行数十年。他说我爱甬剧爱之入骨，可是甬剧不爱他，让他最终离开了专业剧团。

直至俞志华退休后，再续甬剧。在乡间的地方甬剧团他是个顶梁柱、是戏魂，得到了观众的肯定和好评，并创下业余甬剧团的不凡业绩。可见俞志华的戏曲素养，一个厚积薄发之工，无人可比。

俞志华更以《婆媳和》、《老爹泪》、《坐错花轿》等剧，一举成就他一个"草花"专业户的美誉。他率领剧团继而走出乡村，走进上海而名声远播，成为下应甬剧团的一张"文化名片"。可谁知，俞志华的语文水平不高，写作的时间最多的竟是查字典，可是他的生活积累与对戏曲的悟性成就了他。

尤其，他在自编自导的甬剧《婆媳和》中反串婆婆胡阿大，惟妙惟肖的表演赢得广泛赞誉。俞志华风采不减，以其唱腔板式流畅、表演精湛、舞台经验丰富而著称。演员们无不动情地说，金杯、银杯不如老百姓口碑。俞志华受之无愧。

当年，俞志华十三岁考入宁波市甬剧团，师承甬剧老艺人张德元、沈桂椿、黄君卿。1991年凭借甬剧《看错人头》在浙江省现代戏会演上获得优秀表演奖,后来又拍摄了《看错人头》的同名甬剧电视剧,也是甬剧第一部电视剧。2008年,他参加全国民间滩簧汇演,在《借妻》中饰演张古董一角,获优秀剧目奖。2011年1月,他的《卖草囤》代表甬剧界赴上海参加"长三角"滩簧汇演,获示范奖。

2012年,俞志华成为鄞州电视台的座上宾,正式成为鄞州电视台《桥头老三》栏目特邀主持人,以人物角色反串形式主持"俞家婆婆淘老古"。节目每周一至五在电视台与甬剧观众见面,声誉鹊起。栏目主任王新在《春华秋实二十载》中撰文:"特邀著名甬剧演员俞志华老师,以反串形式扮演俞家婆婆,用甬剧的念白与唱腔给大家谱唱气象、淘淘老古。俞家婆婆淘老古也已经成为许多观众每天必定关注的节目。"有人在博客上撰文,溯源"桥头老三"称谓的由来。

若干年前,江南宁波有一个村落。村落不远处有一座桥,村人出入村落,其必经之路就是桥。当然,桥不是"纯粹"的公共场所。比如,简易菜市场就在桥前桥后甚至桥上。这市场可是自然形成的。我们不难判断,桥作为市场钱物交流的作用是第一位的,作为"公共场所"供人们信息交流情感交流是第二位的。所以说桥的公共场所的作用是附加功能。

其实,"桥头老三"这类"好事者",其他地方、其他地域也有得是,不过在江南宁波,有水作滋补品,有桥当大舞台,"好事者"就不一样了。总之,"桥头老三"这命名,就这样带着江南宁波特有的人间烟火味道。"意见领袖"就是人群中比较活跃的部分,因为他们拥有更多的主观兴趣,因此,他们比一般的人更多地接触信息源,比一般的人知道更多的媒介内容(即信息、意见)。他们再把所知的东西,经自己的头脑过滤后,通过自己的嘴"流"向"人群中不太活跃的部分",以致对这些"不太活跃者"产生这样或那样的影响。

宁波有一著名俗语"走遍三江六码头,吃过奉化芋艿头"。我忖一忖,这应该来自"桥头老三"的自我夸示、自我介绍。走江湖道听途说,见多识广临世面,这是"桥头老三"能够充当意见领袖的"本钱"。说具体点吧。宁波是商城商都,于是"桥头老三"就难免以"商"为重点了。江南宁波,物质交流,买卖有其传统。"说者无心,听者有意。""桥头老三"嘀嘀咕咕,说听之间,说不定生意上的信息就有了。"桥头老三"说,某地西瓜多少多少钱一斤,比我们这里贵多了。种西瓜的,说不定,第二天就跑到某地去"讨生活"了。用现代眼光来看,"桥头老三"是社会新闻记者、财经新闻记者、是小型报社。一方面到处收集世面上的各种信息,另一方面将信息过脑再传达给周围的人们。

要说明的是,"桥头老三"的活动范围并不只限于村头的桥头了。酒店、茶馆、看戏的地方,……凡人多的地方,皆是"桥头老三"的"工作区域"。喧哗之中有规律,据我所知,"桥头老三"的作为,在信息传播之中叫二级传播。而中间人"桥头老三",在理论层面应该叫意见领袖了。

我们目光所及的是市场喧嚣将起未起之际、将散未散之际,总会有一个或几个不甘于寂寞、不甘于沉默的人,张家长李家短地说三道四起来。说的时间长了,说的次数多了,人们就把这类说客称之为"桥头老三"。俞志华继承衣钵——"桥头老三",宁波生活中永不会消逝的公众人物;奇人传奇,甬城时光中永不消逝的声波——俞志华是新版"桥头老三"人物——宁波方言电视栏目"来发讲啥西"。于是,"桥头老三"出现在电视屏幕上与大家"讲大道"。

"鄞州广电与你同行",去横溪、龙观、集士港活动俞家婆婆可以说是最有观众缘的主持人之一。观众请俞志华一起合影,排队如蚁,都把他当作自己心中的福星。

其实,像年逾七十的俞志华做主持人的电视台很少,这是缘于电视台领导的慧眼,俞志华人才难得!

# 第四章　韵辙：无韵无辙无为曲

莫恨中秋无月，多点金釭红蜡。
取酒拥丝簧，迎取轻盈桃叶。
桃叶，桃叶，唱我新歌白雪。

## 甬剧韵辙

戏曲(traditional opera)中国五大戏曲剧种是：京剧、越剧、黄梅戏、评剧、豫剧。甬剧，只是一个小众剧种。我国各民族地区的戏曲剧种，约有三百六十多种，传统剧目数以万计。中华人民共和国成立后又出现许多改编的传统剧目，新编历史剧和表现现代生活题材的现代戏，都受到广大观众热烈欢迎。比较流行著名的剧种有：秦腔、京剧、越剧、黄梅戏、评剧、豫剧、昆曲、粤剧、川剧、淮剧、晋剧、汉剧、湘剧、潮剧、闽剧、祁剧、莆仙戏、河北梆子、湖南花鼓、吕剧、花鼓戏、徽剧、沪剧、绍剧等六十多个剧种——可见，我们的甬剧还说不上比较流行著名的剧种，是个小众。

从广义上说，中国戏曲是汉族传统艺术之一，剧种繁多有趣，表演形式载歌载舞、又说又唱、有文有武，集"唱、做、念、打"于一体，在世界戏剧史上独树一帜，其主要特点以集汉族古典戏曲艺术大成的京剧为例，一是男扮女、女扮男；二是划分生、旦、净、丑四大行当；三是有夸张性的化妆艺术脸谱；四是"行头"（即戏曲服装和道具）有基本固定的式样和规格；五是利用"程式"进行表演。

汉族的民族戏曲，从先秦的"俳优"、汉代的"百红"、唐代的"参军戏"、宋代的杂剧、南宋的南戏、元代的杂剧，一直到清代地方戏曲空前繁荣和京剧的形成，戏曲始终扎根于汉族民间，为人民所喜闻乐见。看戏至今仍然是汉族的主要娱乐活动之一。一般说来，北方人多喜看京剧，南方人则多爱好越剧，各种地方剧种都有其自己的观众对象。远离故土家乡的人甚至把听、看民族戏曲作为思念故乡的一种表现。

但是，要唱好戏，还有众多的技术活。中国戏曲有五音四呼的术语，要求"审五音，正四呼"，是为正确表达字音所用的方法。五音指喉、舌、齿、牙、唇等发音部位；四呼即开、齐、撮、合四个发音时不同的口形。五音是构成字音的开始部分，传统称为字头（即声母），演唱艺诀有"出字千斤重，听者自动容"，指吐音准确，演唱才能动人。四呼是指发音时

不同的口形，实指字音的韵母部分，演唱艺诀"腔变音不变"，即指运腔时须保持一定的口形，字音才可唱准，清晰悦耳。

我国各地的地方戏，与昆曲、京剧一道统称为"中国戏曲"。其表现形态上的共同性，就是王国维先生所说的"以歌舞演故事"。戏曲艺术将其主要表现手段称为"四功"，也即"唱、念、做、打"；事实上，近世以来的戏曲，"唱、念"较之于"做、打"显得更为重要。在地方戏中，"念"是方言的音韵，"唱"是便于方言音韵表情达意的声腔体系。在许多地方戏的演出中，听不懂方言就不能感受到演剧的趣味和魅力，也难以捕捉到其声腔中包蕴的微妙情感。这就是说，地方戏在强化其表演特色之时，也相应地形成了其表意局限。相对而言，那些在较大方言区生存着的地方戏，往往也就有着较广阔的市场。

而且有些地方戏为强调"特色"而凸显出"方言"的取用越分越细：比如取苏州方言演苏剧，取无锡方言演锡剧，取上海方言演沪剧，取湖州方言演湖剧，取宁波方言演甬剧等。"方言"日趋细密，却未必意味着都有相应成体系的声腔。这既加剧了地方戏的表意局限，也使方言戏风情万种。

其实，上述苏、锡、沪、湖、甬等剧的声腔都从"滩簧"演化而来，为何不能聚合为"滩簧剧"呢？趋近的声腔偏要在方言上疏隔,结果往往是"特色"未备而"局限"更甚,那也未必。

专家认为,学唱戏八大要素:剧情需理解,意境去想象;声音靠运用,忘我去演唱;风格灵掌握,衔接要顺畅;字正加腔圆,韵味才悠扬。作为一个专业演员或者戏迷票友,要想唱好戏,将技巧运用得好,必须学好字、声、情、韵。有嗓无韵不生动,有声无情是卖弄。嗓音和情韵是戏曲的完美统一,才可以有好的效果。

往往字正才能腔圆,以字带声,字声统一,也是戏曲的共同追求。好的嗓音,会使观众有一种享受的感觉。要想有一个完美的演唱声音,除了天赋条件以外,其次要学会呼吸吐气,学会用丹田气和胸腹联合式呼吸等等。还有"情",以情带声,声情并茂。入戏才有情,才有效果。同时,韵在戏曲演唱中也是刻苦训练的一种技巧。绘画大师讲:"气韵生动。"演唱亦要别有韵致。"余音绕梁,三日不绝",就是在韵味上作出的文章。不管你嗓音高低,唱出的戏要有韵味,学好换气,学会腹式呼吸,换气的时候不能让观众感觉出来有停顿的感觉,把字符之间的柔和唱出来的戏才有韵味,那是戏之要旨。

京剧著名老生余叔岩更有《度曲十病》一说,那是戏曲演唱的一个通病,应引以为戒。即:方音、犯韵、截字、破句、误收、不收、烂腔、包音、尖团不分、阴阳不辨,十种是也。俞志华认为那是唱戏大忌。

不仅歌唱如是,我们平常说话也要如此才好。同是唱一个腔,怎么就有唱得好听、唱得不好听的呢？这就是因为其中有抑扬、顿挫、断连的关系,断连就是我们现在所说的气口。唱一个腔,如果不要气口,慢说是平常人,就是气力很足的人恐怕也来不了,就说是能一口气唱完,恐怕也不中听。我们的唱腔,总以断为主,不特是句断、字断,即一字之中亦有断腔,一腔之中亦有数断,因为能断才可把神情传出,同时又可于断时缓气、吸气。只有如此,戏才有魅力与韵味。唱者如痴,听者似醉。虽然该断,但亦不可把腔唱死,断处应当有连,连中有断。顿挫,就是在一段腔里起落的节奏。若顿挫得法,则喜怒哀乐自然就有了,若不得法,则如木鸡一样,味同嚼蜡——俞志华视为至理名言,并努力地身体力行。

俞志华与庄丹华(左)

京剧更讲究"五音四呼",那是戏曲演员在唱念时吐字发音的规范之一,五音不正,四呼不准,唱念时必然字音不正。所以要唱好念好,就要正确发音,就要审五音、正四呼。

四呼是行腔的主要元音,演唱艺诀"腔变音不变",即指运腔时须保持一定的口形,字音才可唱准,清晰悦耳。只有掌握了五音的正确发音部位,保证行腔的标准口形,才能做到腔变音不变,出字千斤重,听者自动容。

除了四呼五音还得弄懂合辙押韵,中国京剧有十三辙可以以"劳模江福才,兴修水利,大办农业"一句话十三个字连起来分别记忆摇条、梭波、江阳、姑苏、怀来、人臣、由求、灰堆、衣齐、发花、言前、中东、捏斜这十三个辙。不仅如此,还要做到上句(单数句)末字为仄声(上声、去声)、下句(双数句)末字为平声(阴平、阳平)。对下句要求更为严格,不仅不能"跑辙",而且一般要平声。

甬剧也是,而如今为外请的甬剧编剧的著名作家,却对甬剧的韵律不熟,往往不说韵角,形成为词而词,不计较韵角的魅力。这令俞志华特别不爽,就如写诗词的不懂押韵,不计平仄一样,显得外行,是要为人诟病的。

他说,甬剧也有韵角的讲究,俗称押韵。押韵是戏曲创作的一种技巧,是创作中自然形成而作为一个规律的产物,目的是唱起来"上口",宁波话是说"顺口",也便于记忆与流传。

过去的艺人一般地位低下,根本没钱读书,有点读雨书已属不易,基本上是为了谋生而出来唱戏。他们不识字,而唱词的押韵为他们的记忆或即兴发挥提供良好的平台而朗朗上口。

众多谚语之所以传承不衰的原因就是押韵,便于记忆。比如说,"病从口入,祸从口出","贪贱买老牛,一年倒两头","牙痛不是病,痛起来真要命"。戏曲唱词如编撰者懂得韵押得好,不仅构成声音美,加强艺术效果,而且演员容易记忆,观众便于传唱,

那么什么是甬剧的押韵?就是每句句子的末尾一词(字)的落音一致,即韵母一致。戏曲上说是韵脚,也称辙,韵与辙同意。作者写唱词要懂得甬剧的韵脚,首句末字便是"定韵",随后都以此为韵。若不如此会为人鄙视,但是奇数可以不受此约束,即允许不合辙,而偶数和则必须合辙。但是也有另外的现象,过去滩簧戏也很经常在唱词中出现,避有连续二句不合辙,作为奇数,第三句却作为偶数押韵,以至一些青年演员也不明白而将第二句唱起来作为下韵了。

庄丹华曾讨教于俞志华有关甬剧的韵辙,俞志华竟将甬剧韵辙和盘托出。俞志华所说的"合辙押韵",比如:三王五帝定乾坤,冬至百六正清明,春晓一刻值千金,花有清得月有影,世上少有正君子,坟堂叹苦贫穷人。这六句唱词词末有五个字坤、明、金、影、人,属于甬剧的临清韵,只有子另属于四子韵了。

所谓合辙押韵,各地方言不一,所以其韵也不同。一般说,普通话有十三道辙、二道小辙(儿化音)。

写甬剧,首先知道宁波话的发音特点。宁波话一般基本的韵脚有十九个半,所谓半,俞志华解释道,那就是一个儿字。这里是俞志华为甬剧韵脚汇编如下,具有相当的参考作用,不失为一门工具。比如(各举例20字):

(一)临清韵,银、金、情、林、平、云、成、根、昆、浑、真、亲、新、宁、民、静、应、贫、灯、因……

(二) 同中韵(可与临清韵合韵),共、红、峰、风、凤、公、永、雄、用、胸、梦、宋、送、总、龙、冬、宠、童、匆、重……

(三) 良将韵,阳、扬、场、长、张、姜、祥、娘、孟、梁、墙、酿、羊、相、横、香、养、粮、生、两……

(四) 唐王韵(可与良将韵合辙),方、房、杭、汪、光、邦、庄、糠、霜、双、闯、梦、上、商、抗、桩、丧、掌、藏、望……

(五) 依见韵,期、里、天、地、寄、年、弟、医、离、西、你、便、飞、戏、肺、皮、喜、艺、钱、剑……

(六) 刁消韵,鸟、交、小、肖、笑、妙、掉、饶、辽、飘、邀、姚、遥、庙、腰、桥、焦、苗、朝、孝……

(七) 高桃韵(可与刁消韵合辙),捞、早、豹、恼、貌、宝、刀、到、茅、讨、闹、咬、遭、曹、号、好、报、盗、卯、嫂……

(八) 乌呼韵,古、苏、胡、补、葡、布、顾、露、雾、吴、步、虎、赴、徒、妇、图、股、糊、涂、数……

(九) 啰唆韵(可与乌呼合辙),婆、坐、错、过、河、可、大、锣、做、火、糯、鹅、歌、禾、磨、妥、科、波、拖、多……

(十) 流传韵,油、寿、有、丑、牛、欢、居、园、阮、川、冤、仇、娟、源、团、秋、酒、留、全、救……

(十一) 威亏韵(可与流传合韵),男、南、内、狗、走、头、贪、悲、寒、罪、脆、伟、雷、銮、负、追、醉、悔、畏、亏……

(十二) 兰三韵,蓝、衫、山、环、板、饭、迈、万、咸、淡、扮、产、铲、攀、滩、叹、栈、赚、喊、关……

(十三) 开来韵(可与兰三韵合辙),海、念、栽、财、在、才、台、来、灾、概、呆、者、戴、菜、彩、采、哉、爱、代、开……

(十四) 拉啥韵,佳、解、借、界、泰、太、派、沙、怕、拐、打、赦、柴、坏、矮、差、带、妈、奶、爸……

(十五) 塔杀韵(可与拉啥韵合辙),甲、白、黑、瞎、脚、滑、拔、袜、挖、协、捺、八、轧、扎、插、得、鸭、罚、盒、煞……

(十六) 朵花韵,巴、扒、疤、骂、马、麻、化、叉、查、赊、瓜、霸、纱、炸、把、华、画、挂、蛇、躲……

（十七）铁屑韵，劈、及、锡、踢、跌、立、直、结、密、力、七、一、叶、媳、敌、舌、的、蝶、急、热……

（十八）托福韵，吃、肉、谷、屋、蜀、烛、读、蝠、足、仆、绿、哭、作、国、剥、毒、北、曲、木、郁……

（十九）四子韵，思、词、诗、仔、煮、字、此、紫、史、使、士、事、志、指、时、市、死、是、始、丝……

俞志华总结韵脚，同一个字因读法不一会时常出现在多个韵脚里，有的同一字，因平仄声不一，也可能出现在多个韵脚中，也属正常。

比如说，越剧韵脚十三个，堂皇、翻兰、园园、天天、临清、拉柴、来彩、妖娆、依欺、流求、铜钟、鸣鸣、六托。

俞志华对此轻车熟路，可叹，我们的梅花、玉兰们有几个知晓这戏曲的韵辙之工而渐进式微，可能不得存在。

## 四明南词

甬剧音乐中，四明南词是最具特色、也最有个性魅力的音乐，成为甬剧音乐、丰富甬剧音乐不可或缺的音乐体裁与样式。四明南词，可概括为一个"文"字，它的唱词典雅，都是经过文人再创作而成，如同最初的昆曲。有些言情的内容，也写得辞藻雅丽含蓄。俞志华最先接触四明南词是柴彬章所言传身教，颇有心得。其间，俞志华还与南词名家陈莲卿先生长期接触，受其熏陶极深。并且，陈先生身后墓地也是委托俞志华为其择地。年年清明，俞志华都去拜祭，寄托哀思。至今与他女儿陈佩佩、女婿谷德才交情甚笃，时有来往。

其实，四明南词历代名家颇多，清道光年间有戴春生、李茂新；清末出现了陈金恩等五位技艺精湛的艺人，人称"五公座"；民国年间有何桂章者，能弹善唱，被沪人誉为"宁波梅兰芳"；建国后有周廷敝、陈莲卿、柴彬章等人。可以说，1988年近代名家陈莲卿病故后，几无"四明南词"演唱。

四明南词是明末清初形成于浙江地区的一种用宁波方言说唱的曲

艺形式(弹词)。一般由一人自弹三弦演唱,一人打扬琴伴奏,也有二三人加用琵琶、二胡伴奏,是中国数以千计以唱为主的曲种之一。其音乐典雅、流畅,唱词与念白的深入浅出,在宁波地区享有盛誉,竟并与宁波走书一并跻身国家级第二批非物质文化遗产名录。

那年间的清乾隆朝代,浙江出现一种以丝竹管弦伴奏的说唱艺术,即南词。包括"杭州南词",又称"闻书调"(意为"听闻、说书与音调"),还有"越郡南词",又名"绍兴平湖调"(调者唱也),还有就是"四明南词",俗称"宁波文书"(一种说书样式)。堪称"三弦掩抑平湖调,先唱摊头与提要","从中开口弹弦子,打横者佐以扬琴"而"唱古今书籍"。或许,摊者为说,簧者为唱。摊簧即说唱更合理,却是以讹传讹将摊簧,写成滩簧而成了主要写法。

据考证,四明南词原为文人的业余演唱,清末出现专业艺人。以唱为主,演唱者自奏自唱,唱词讲究平仄格律,曲调有"上中下韵"之分,"赋调"、"词调"为基本曲调,其唱腔对甬剧和宁波走书有较大的影响。早期为按生、旦、净、末等分角色演唱,后发展为一人自弹三弦演唱,一人打扬琴伴奏,也有二三人加用琵琶、二胡等伴奏的。唱词为七字句。传统书目均为长篇,有《珍珠塔》、《玉蜻蜓》、《双剪发》等三十余部,曾称"宁波文书"。系宋代的陶真、明代的弹词演变而成的浙江曲种,流传至宁波城区和郊县。清末至民国初期为鼎盛期,二十世纪四十年代开始衰落,渐进成了浙江地区的一个清流绝响。

时有"文书进画堂,武书坐茶坊,走书奔四方,新闻唱四方"一说而十分形象与流行。文书即四明南词,武书指评话,即甬人所说的"讲武书"。可见,甬剧是一种戏曲,以唱为重。戏剧说人物冲突,而戏曲只说唱功,与戏剧冲突无关。大家往往把看戏,习惯称为听戏更为准确,就是一个例证。比如听歌,不能说看歌。其演出形式分单档、双档、三人档、五人档、七人档、九人档、十一人档。曲目分开篇、长篇两类,传统长篇曲目有《雨雪亭》等10余部,已失传。当年,如此庞大的演唱队伍,出入庆典胜会、雅室华堂,吹拉弹唱而"甬城丝管日纷纷,半夜江风半入云"。四明南词,既然是唱,便成为戏曲唱腔也是自然其成、功到事成。

其间,一代南词名家陈莲卿说表老练、清新脱俗,唱腔更是委婉、潜心入怀,大有倾城倾国之美。据老艺人传说,清朝乾隆皇帝下江南时,曾到过宁波,并在白衣寺章状元家住过。听了宁波文书,十分赞赏,说:"此乃是词,不应称书。"由此宁波文书改为四明南词。还有传说:乾隆回京时,叫了一班南词艺人进宫演唱,自己也学。

　　距今,四明南词有实证可考的时间,约有300多年。较有名者有滕云清、陈世卿、戴善宝、陈金恩、何贵章、柴炳章、陈莲卿等。镇海蛟川走书艺人汤鑫森与高礼刚之父也唱南词,所以蛟川走书中有不少渗融南词的曲调。著名甬剧艺人徐凤仙、金玉兰也曾学过南词。

　　总的来说,南词可概括为一个"文"字。它的唱词典雅,当是经过文人再创作而成。有些言情的内容,也写得辞藻雅丽含蓄。如《果报录·试唐》中有这样的唱句:

　　　　恨只恨咫尺画堂深如海,
　　　　只落得月明空照半衾床。
　　　　害得奴,心如醉,意难忘。
　　　　牵捻有丝万丈长,
　　　　奴家枕被半空床。

　　从伴奏的乐器来看,也都是用音色柔和的"文乐器"("文乐器"一语为南词界行话)。四明南词使用的乐器最基本的为三弦、扬琴、琵琶三档。说唱者居中坐,操三弦,右座扬琴,左座琵琶。后逐渐发展,增至五档、七档、九档、十一档。五档是右二凤箫,左二二胡;七档右三加阮("阮"形似月琴,但体积比月琴稍大、颈长),左三为大弦(即二弦);九档加双磬、笙;十一档板鼓和筝(板,为柝板,鼓是小竹鼓。左手持柝板,右手敲竹鼓。持板、鼓者坐右五座,弹筝者坐左五位)。南词的演唱艺术,在技巧上要求很高,演唱者既要自己操持,又要把生、旦、净、丑各类角色的声调、性格、表情刻画出来。虽然是一人独唱,但所造成的戏剧气氛却好像有许多人在同台唱戏一样。所以,四明南词是一种艺术性较强的民间曲艺。四明南词即是甬剧音乐一奇葩。主要书目有《珍珠塔》等,其众多曲调多被甬剧和宁波走书、蛟川走书等吸收和融合。

蛟川走书是宁波地方曲艺中的一个乡土气息浓郁、风格独具的曲种。追溯渊源,据蛟川走书老艺人口传,约光绪年间,一个住在镇海县城小南门名叫谢阿树(又名谢元鸿)的蛟川走书艺人,因所住小南门拱形城墙上刻着"蛟川"二字,遂以此为名,称"蛟川走书"。艺人们都认为他是"蛟川走书"的创始人。早期蛟川走书仅一人演唱,没有乐器伴奏,也无后场和唱,艺人只用两只酒盅、一根竹筷,有节奏地敲打,自唱自和。抗日战争前夕,逐渐演变成以一唱一和的形式,在庙宇、祠堂或晒场地用木板搭成一个小平台,演唱者开始用静木、纸扇、手帕等作小道具,伴奏也改用竹板、竹鼓打出有板有眼的节奏,并在落调时用清口唱和"哎哎哩啊……"的基本调。抗战胜利前夕开始使用二胡、扬琴等乐器进行伴奏。解放后发展到多档形式,有时还增加琵琶、三弦、箫、笛等多种乐器伴奏。凸显"一桌一椅一堂木,一人一口一折扇,无限风情在其中"的艺术魅力。戏曲的形成一般由说唱、曲艺而渐进演变成了一个舞台综合而成了一个剧种。可见,甬剧是多种曲艺门类综合而成,经过长期的时间融合才成。

有人说,中国首富马云父亲马来法堪称在我国曲艺界一代元老级人物,自小就对曲艺有着浓厚的兴趣。长期以来,他从事着浙江曲艺的理论和史料研究工作,十分关注省内一些濒临危亡、亟待抢救的曲艺种类,虽年事已高,仍经常赴各地辅导排演曲艺新曲目。说起曲艺,马来法如数家珍。四明南词是浙江曲艺中的"贵族",老话说"南词进华堂,评书唱茶坊,走书下农庄"不是没有道理的,宁波走书和甬剧都吸收了南词的一些唱腔等,传统曲目《珍珠塔》《双珠凤》更是一代经典。这次演出的《蝴蝶姑娘做亲》是新创之作,"有点模拟童话吸引小朋友的样子,是一个很不错的尝试。曲艺从农业文明中发展而来,在现代文明中传承势必要创新","曲艺是个适应能力很强的东西,它会随着时代不断地调整、变化"。

2011年,宁波市文化局组织力量抢救整理了一部专著《四明南词音乐》正式出版,成为研究南词的一部工具书。它把四明南词腔系分为平湖调、紧平湖调、赋调、紧赋调、慈调,把乱弹腔系分为三顿析、缓二簧、三五七,还有时令小曲更是风情万种,比如点绛唇、朝元歌、哭魁星……仿佛一阕阕宋代词牌,韵味悠长。

　　俞志华早年有幸听取老一代艺人学习四明南词,从中获取营养而成就一代草花艺人。任何一个剧种的形成,都是不是孤立的,而是互相影响中渐渐壮大,甬剧就是其中的一个代表。走马塘文化的守望者邬毛银请俞志华为中国进士第一村的走马塘写部甬剧,宣传走马塘的文化魅力。

# 第五章　非遗:甬剧非遗非生意

为向东坡传语,人在玉堂深处。
别后有谁来,雪压小桥无路。
归去,归去,江上一犁春雨。

## 传承滩簧

2013年,宁波市文化艺术研究院的甬剧传承所搞了一届甬剧非遗小剧的演出展演,俞志华欣然受邀。那是退出舞台赴艺术剧院担任传承所所长、不甘寂寞的宁波甬剧团原团长沃幸康主持了这次活动,他是鞍前马后、劳苦功高,让四出滩簧老戏得以重现舞台。

所谓滩簧小戏,是江、浙一带非官方的土戏的一个总称,如杭州、苏州、上海等地的滩簧小戏。其来源和成长各个有异,但所唱声调没有离开民歌小曲这一根蒂、根基。故而有些地方也称作花鼓戏。其实,滩簧小戏原即南词,或者称弹黄调,源出明代平话。明钱希言《戏瑕》云:文待诏诸公,暇日喜听人说宋江,先讲滩头半日,功父犹及预闻。

文待诏,即明代中叶字画名手文徵明,苏州人,曾任翰林院待诏。所谓"滩头"即说正文之前的书帽。宋元评话旧称入话,亦名告捷头词。滩也可以这样说更形象,滩(摊)即是说,簧就是唱。滩簧(也称摊簧、滩黄、滩王)最初是一个曲艺形式,后来发展成了舞台综合艺术,成了剧种。

滩簧,主要是清代以来流行于江苏、浙江一带的代言体坐唱曲艺。民国初年经过化妆演出,逐渐发展为当地的戏曲声腔。史料称,滩簧兴起于清乾隆年间。乾隆六十年(1795)成书的《霓裳续谱》已有"南词弹黄调"、"滩黄调"之称。宁波滩簧到了上海,渐渐吸收上海所谓文明新戏的分幕方法,并根据剧中间人物的身份来装扮,打破只有一男一女演员出场的对子戏情势,按剧情需要分派角色,谓之同场戏。随后,滩簧接纳立体的戏台装配,大排其选取材料汗青故事的新戏,实际上是从仿照文明新戏走向仿照京剧。配合演奏乐器,由一副拍板和一把南胡扩充到南胡、扬琴、琵琶、弦子什么的。滩簧小戏班成长到清同治光绪年间,已有上、下手,自奏自唱"对子戏"。艺术情势以唱为主,剧情大多数选取材料于农村乡镇生活,表演只是一般同样平常生活的仿照,演出用农村穿戴。

俞志华与沃幸康(右)

　　滩簧的曲调丰富,曲体结构可长可短、能伸能缩。唱腔舒展与繁促相间。演唱风格柔婉,音韵中和,接近口语,通俗易懂,乡土气息浓郁。演出以在喜庆堂会场所为主,演唱者少至3人,多至9—11人,通常是5人或7人,脚色分生、旦、净、丑四个行当。生又分小生、老生,旦又分小旦、老旦、彩旦。演唱者自操乐器,以鼓板击节,丝竹乐器有二胡、琵琶、三弦、筝、笙、箫、双清、扬琴,间或用笛,也有加小锣、小鼓的。唱正书前,有先奏音乐的,有先唱开篇或节诗的。加锣鼓的滩簧,以闹台为前奏曲。

　　在应堂会演出时,一般先唱4个前滩曲目,饭后再唱4个后滩曲目。滩簧剧目有《女看灯》、《拔兰花》、《小分理》、《卖红菱》等。然后,戏中角色增长到三个以上,并设专人演奏乐器,名为"同场戏",剧目有《打花包》、《磨豆腐》、《陆雅臣》、《庵堂相会》、《借黄糠》、《阿必大弹草棉》等120多出,均称为"老滩簧小戏"。

　　2007年,甬剧被评为国家级非物质文化遗产项目以来,对甬剧的保护工作一直在不断加强,市艺研院院长郭国强介绍道:"尽管先前也做过一些相关史料收集和老艺人唱腔收集的工作,但还是比较欠缺的,随着岁月的流逝,老艺人日渐稀少,甚至离去,所以必须争取时间,抓紧

开展这方面工作。"做甬剧传承的沃幸康更是深有感触:"这就是在和时间赛跑,我们所访谈的老艺人们大多都七八十岁了,最年长的都有九十多岁了,其中有一位甚至在我们采访完后没几个月就辞世了。"这个四小戏的重排也是一项抢救性工程。

甬剧史上有"滩簧七十二小戏",是滩簧经典老戏剧本,是公认的甬剧早期代表性作品,1939年以前,上海的宁波滩簧主要演出的就是这些剧目,甚至在上世纪五十年代左右还在舞台表演,但此后在舞台消失多年。后来的甬剧演员只听说过,但谁也不知道其全貌,这次在调研中他们找到了剧本,大家都觉得非常激动。

甬剧传承不能光停留在纸面上的整理,还要将这些传统戏中的经典部分复活。即要原汁原味地呈现给广大市民,可以让大家更加精准、深入地了解这个承载了宁波文化记忆的本土剧种——甬剧。

据《甬剧史话》记载:传统的滩簧小戏(七十二出)是甬剧发展史上的一笔宝贵财富,是甬剧的奠基之作。其中"清客戏"38出(以小生为主):

庵堂相会、秋香送茶、阿增算命、背包过门、男告私情、女告私情、呆大烧香、背过桥、王老才、小康王、翁郎中、绣花鞋、十魂牌、扒灰佬、打窗

俞志华与王六宝（右）

楼、游码头、赠兰花、双投河、还披风、买郎眠、绣龙衣、双买花、过五关、打铜宝、七个月、双落发、赠六件、东楼会、借披风、买青炭、绣香袜、彩石榴、小卖花、荡湖船、绣荷包、女看相、闹龙舟、拔兰花。

草花戏11出（以丑角为主）：

卖馄饨、卖冬菜、卖草囤、卖佛手、开米店、唐小六、扒垃圾、摸蛳螺、车木人、双磨豆腐、后磨豆腐。

众家戏（5出，角色众多）：

大闹花灯、大捉五通、父子争风、瞎子捉奸、拜三官。

梨园戏（8出大多是"对子戏"，来自宁波乱弹）

康王庙、大补缸、捉牙虫、背蹬板、打媳拜堂、女磨豆腐、大闹沧州府、四老爷翻进白米缸。

十马浪荡戏（10出，即可综合连本演，又可单独演）：

寡妇赠衣、花园唱曲、推出悬梁、教歌拜寿、通信探病、赠行摇会、捉奸成亲、逼姐药母、告状活捉、天打收魂。（以上凡七十二出）

《拔兰花》、《双投河》、《康王庙》和《扒垃圾》，代表了四种不同的甬剧风格。他们将邀请老艺人们一起参与制作，尽量保证整部戏从音乐唱腔到舞台整体效果的原真性。为整理、抢救失传滩簧小戏，宁波市文

化艺术研究院甬剧传习部根据老一辈艺人的口头传唱、记谱,整理了一批新中国成立之前在宁波城乡流传的滩簧小戏,虽然这批小戏曾经由滩簧老艺人们演绎过,但解放后再也没有完整地登上过舞台。此次整理、抢救失传小戏,作为"非遗"的甬剧传承保护内容之一,可谓意义重大。

《拔兰花》、《双投河》、《扒垃圾》、《康王庙》四个停留在老人们记忆深处的滩簧小戏,除了《拔兰花》目前有音频资料留传下来,其余几个小戏均是通过目前尚幸存于世的老艺人口头传唱、记谱下来,再行剧本创作、唱腔设计、编曲等。为再现老滩簧特色,剧本整理、创作也是保留了原本的框架与情节,对剧本中旧社会特色的"封建糟粕"内容则予以删除和修改。

旧社会滩簧老艺人演绎小戏最平常的场合均是在酒肆茶楼等地,故而为迎合欣赏者的口味,小戏的情节内容基本都相当贴近生活,语言风趣诙谐,白口中有相当多的"宁波老话"再现。当然,为演出场合所限,小戏大多以唱腔为主,以唱来体现各种情节、心理等。此次为再现老滩簧魅力,甬剧传习部邀请了甬剧界有名的老艺人担任四个小戏导演,而总导演则是宁波演艺集团的国家一级导演、《宁波大哥》的优秀导

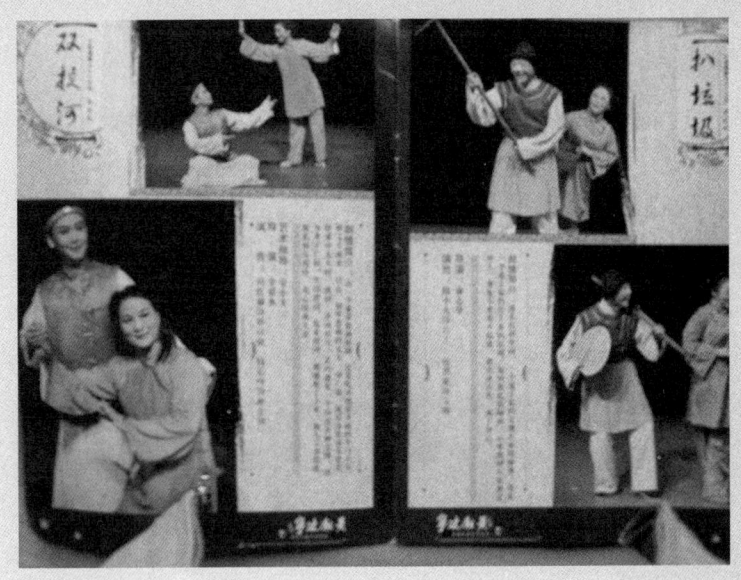

俞志华导《扒垃圾》说明书

　　演王乃兴老师。其中,特邀俞志华为草花戏《扒垃圾》做导演。与众不同的是俞志华从唱腔到表演全方位的传授,多少心血在其中。另有金小玉担任《康王庙》《双投河》的艺术指导。

　　小戏,当年是甬剧串客时期常演的剧目,共有七十二出。1939年以前,上海的宁波滩簧主要演出的是这些剧目,也就是现在所说的"七十二小戏",它们被看作甬剧传统剧目的早期代表。"七十二小戏"的内容,基本上都以当时普通民众为主人公,着重表现他们要求婚姻自由的民主性精神。主要分为五个类型,分别是以小生为主的"清客戏"、以丑角为主的"草花戏"、角色较多的"众家戏"、以对子戏为主的"梨园戏"和综合性戏"十马浪荡戏"。本次展演特别精选的四出小戏,《拔兰花》、《双投河》为清客戏,《康王庙》为梨园戏,《扒垃圾》为草花戏。

　　这四出剧目是"七十二小戏"中的代表性剧目,内容生动精彩,曾广为流传演出。而从这些小戏中,也可以寻找到当年人们的思想痕迹,挖掘和探究这些思想痕迹背后的形成原因,就会发现非遗背后隐藏着的珍贵文化符码。而滩簧小戏是他的擅长,颇有艺术积累。确切地讲是俞志华对滩簧老戏最有发言权。那年,他师从张德元老先生。

　　四出小戏最大的特点是"草根性、民间性",能典型代表传统宁波滩簧的艺术特点,在当时广受欢迎,"反映了最底层劳动大众的思想情感,包含了大量原创性的智慧,接地气的表演艺术以及简朴的草根风格,对今天的甬剧以及其他艺术形式来说,都是宝贵的历史经验"。"七十二小戏"习惯于被看成甬剧传统剧目的早期代表。内容乡土气息浓厚,基本上以当时普通民众为主人公,着重表现他们要求婚姻自由的民主性精神。只有《沧州府》《康王庙》《王大娘补缸》这三出梨园戏,属于历史剧和神话剧。多数剧目的思想倾向是健康的,也有少量迎合低级趣味糟粕性的东西。七十二小戏散落各处,还没有得到系统整理。

七十二小戏分为清客戏、草花戏、众家戏、梨园戏、综合戏五种。清客戏以小生、正旦、彩旦为主,所占比重最大,共38出,如《庵堂相会》、《打窗楼》、《双落发》、《拔兰花》等;草花戏以小丑为主,有11出,如《卖草囤》、《双磨豆腐》、《扒垃圾》等;《康王庙》等梨园戏是从别的剧种移植过来的,有8出;众家戏,指角色较多的戏,有5出,其上演年代较晚,大多在宁波滩簧进入上海以后问世的;综合戏即为十马浪荡戏,是一部大戏,可以看出宁波滩簧由小戏向大戏演变的历史过程,分为十段,每段可以单独演出。

俞志华给陆小大、包君亚两个学生说戏,从表演到唱腔,并获得良好口碑。行家认为,那是原汁原味的——有人称,大家都做"行家",不做"专家"。俞志华就是前者。

俞志华担忧,若这类老滩簧小戏给那些没有滩簧戏经验的人来导演,试想它将走向何处,就可能性导演成一部现代小戏,那不是传承而是误人子弟了。因为导演自己都没有受到滩簧戏的浸润与修养,他如何来导。这是俞志华最为担心的现象。滩簧戏是一个消失的有文化景观,让其复原,而不是改编。俞志华非他莫属。自己没学过、看过,如何来导演滩簧戏,那是不可想象的。那是误人误己。

## 甬剧非遗

甬剧是国家级非物质文化遗产,由宁波滩簧蜕变而来,是宁波地域文化文明之一。王锦文即是甬剧的传承人,一个甬领军人物。

当时,从滩簧到甬剧,早期也称改良甬剧。对唱腔,尤其基本调基本未变,保留着浓郁的地方特色与特点。后来,因演出情感的需要而发展了基本调中的"新调",韵味依旧,只不过节奏与速度从二分之一拍,改为四分之一拍,由于甬剧时常在民乐剧场演出,而被观众昵称这一曲调为"民乐调",特别接地气,老百姓喜闻乐见。

2013年,经过半年多的挖掘、整理和排演,由宁波市文化艺术研究院(甬剧传习中心)组织承办的甬剧非遗小戏展演的四出滩簧小戏,是从传统宁波滩簧"七十二小戏"中精选出来,其中《拔兰花》、《双投河》为清客戏,《康王庙》为梨园戏,《扒垃圾》为草花戏。那是甬剧之根,是甬剧传统剧目的早期代表。基本表现当时普通民众为主人公,着重表现他们要求婚姻自由的民主性精神。没有绚烂的灯光,只有两盏汽灯照亮舞台;没有繁复的舞美,只有甬剧演员们原汁原味的本真表演。参加演出的演员,以民间甬剧团姜山甬剧团为班底,并特邀了部分老艺人加盟。江东区锦文甬剧社参加助兴演出,王锦文带着一名7岁小朋友演唱了《田螺姑娘》选段,展现出了当今甬剧薪火相传的面貌。那才是甬剧传承与发展的希望所在。

俞志华说,当然每一个地方剧种都有唱腔设计上的弊端,包括国粹京剧,若不适宜剧情、人物情绪需要,改革势在必行,这是业界共识。但不能改得面目全非,成了另一个剧种,与非遗更是不着边。更不能将非遗最终演绎成一个"生意"而为人诟病。

他举例现在上演的《沈三江》一剧,其唱腔还称甬剧,那是太牵强。俞志华称其为"超甬剧"、"B甬剧"、"宁波歌剧"。俞志华又说,这不能怪领导决策出错,他们也要面对青年观众。但是观众不能断裂,戏曲改革不宜一步到位,有个循序渐进的过程。若观众对你的唱腔不吸引,或者不认可,老观众远离你,不知戏曲不靠衣食父母还能靠谁。虽说,宁波政府没关系,有钱纳税人的钱袋子满满当当,花个一二百万,请全国著名的大导演、大编剧,参加全国评奖,拿个金奖不是问题,一个眼神,一点意思……评委搞定。可惜的是,剧种的观众未必看得懂,听得懂。那太高雅了,作曲与唱腔设计太高雅。

甬剧领军人物王锦文

　　不知决策人统计与否，这些高投入、高支出的戏，演了几场。每场戏成本是多少，可以上山下乡吗？考虑过农村观众的需求吗？俞志华说，那是戏曲改革与发展的歧途。这自然是俞志华的一家之言，是对当今甬剧改革的一点思考，智仁互现，可以为业界斟酌。

　　接下来是的问题是观众不认可。金杯银杯，不如观众口碑。观众说好，那才是硬道理。大编剧、大导演他们水平高无可厚非，毕竟报酬也高。但是，他们不是万宝全书，大导演也不可能人人懂得小剧种的表演特色，大编剧有的写唱词，写唱腔却根本不懂得这个剧种的地方特色与唱韵，那是用普通话写甬剧，成了一个戏曲幽默。演员唱起来不舒服，观众听起来也别扭。

　　有的北方人不懂得宁波地方历史，如《典妻》，编剧把"夫"一角写成因赌博输钱而典妻。其实，宁波地区典妻往往是极大部分穷得潦倒，为了活命的无奈选择。不能把个别的赌徒写成典型人物，所以让人看了不感动，也违背作者柔石老先生的"为奴隶的母亲"初衷。俞志华认为不妥。这属于文艺批评范畴，俞志华认为那是改编者的文化背景而产生的小小歧义，并不影响整个剧本的整体。俞志华是个有心人。

　　俞志华特别在意何时何地何人，若纳税人的钱包不可掏了，那后果

俞志华（右二）

是如何。其实本乡本土的作者编导，也能出大制作去拼个大奖未尝不可。当年的《两兄弟》、《亮眼哥》、《浪子奇缘》、《爱情十字架》，只是没有这个那个的奖罢了。本乡本土的更接地气。再说外地观众欣赏外地剧种，也喜爱看原汁原味的作品。冯骥才曾举例说，贵州有一个小村落，很有特色。他带领人马前去考察，策划如何保存把它原生态保存下来，却不料村里人知道有人来参观，竟把全村用红漆涂遍，以示欢迎。令参观者瞠目结舌！令俞志华纠结的是，但愿甬剧不是这个小村落，否则毁了一个剧种。"我宁愿让人骂我这个老头不懂装懂在多嘴猢狲！"俞志华如是说。

俞志华创作剧本的特点，一是句子幽默滑稽，二是出手不凡且写作之快。他最得意的是《乡下贵发哥》七场，他竟一天一幕，用七天即成，一气呵成。俞志华归纳自己的创作秘笈，那就是来自两方面的原因。

首先生活结累。俞志华老人长期生活在农村，也当过工人，喜欢接触甬剧老人，是个有心人；其次他在滩簧班待过，混了一段时间，有本土戏曲知识积累。

那是上世纪七十年代，俞志华的业余生活就是晚上去工人文化宫，参加业余甬剧演出。有一次，演出的是《结婚与热婚》，俞志华饰演一个老娘舅,当时有一个叫王宝云的老师看完戏来找俞志华,对他鼓励有加。一来二往,他们竟成好朋友,一对忘年交。每逢星期天,王宝云总是来俞志华家做客,话题是谈不完的甬剧。俞志华想,两个不是甬剧人却在为甬剧操心。说甬剧的过去,说甬剧的未来……两个不吃甬剧饭的人,却在为甬剧担忧,那不是杞人忧天。

后来,俞志华才知道王宝云为何方神仙,那是他从上海沦落到乡下。当年他却是上海甬剧的佼佼者,一个甬剧先驱式人物。徐凤仙贺显民都是他发现的甬剧人才。资料可鉴,王宝云是包彬云先生的学生,包彬云教过俞志华《双磨豆腐》,于是,俞志华对王宝云更多了几分亲近。其实王宝云是上海甬剧的先驱者、开创者,成立上海堇风甬剧团,为甬剧事业他功不可没。20世纪50年代中竟获牢狱之灾,沉沦民间,回到宁波姜山,默默无闻走完他人生的最后几年。

王宝云,原名王锦璋,1908年出生,宁波人。1924年,迫于生计的王宝云,在"万里春"按戏班的传统形式,正式地拜包彬云为师学艺,从此开始了他为甬剧而生的演艺生涯。起初习草花(即"丑角"),艺名筱宝云。"其拈香,必以丑角。云昔玄宗与诸伶官串戏,自为丑角,故至今丑角最贵。"这里说丑角最重,过去唐玄宗也饰演丑角。这是因为丑角在当时戏剧表演中的特殊地位所致。"丑以科诨见长,"其作用是用来调节舞台气氛与表演效果。中国戏曲素有"无丑不成戏"。所谓"丑角不丑",甬滩鼻祖邬拾来亦以丑见长。

《双磨豆腐》、《卖青炭》、《卖橄榄》、《呆大烧香》等,就是王宝云最擅长的(草花)曲目。嗣后,王宝云又学清客(即"小生"),比如《秋香送茶》、《拔兰花》等,他最为得意的传统曲目是《游码头》、《双落发》。表演中,王宝云嗓音佳、形象美、吐字清晰,唱腔尤以快见长、层次多变、戏路宽,人物塑造细腻、栩栩如生。他的唱念韵味十足,演技精湛,广受观众喜爱。上世纪30年代,就与一代名流孙翠娥(孙家班)、蒋翠玉、蒋翠花(蒋家班)、金翠玉、金翠香(金家班)等戏班联袂演出,与赛芙蓉出演配戏,为当时早期甬剧(滩簧)艺人中的佼佼者。

再说,汪莉珍李微夫妇,一个导演、一个作曲,俞志华与他们相处得很好,他称汪莉珍(徐凤仙学生"莉"字辈)为姐姐,称李微为姐夫。小时

李微、汪莉珍夫妇

候俞志华上台演出穿戏裤,都是"莉珍姐姐帮我打理",俞志华印象特深。俞志华与他们不论哪些年代、哪个时期都保持着相互的来往,从来没有中断过。汪莉珍母亲对俞志华也是亲如己出,甚至她母亲过世时,俞志华去探望……待到俞志华赶到,外甥女婿才说,外婆是等舅舅到了才合眼。

那时,俞志华有剧本写出,其中塑造的每一个角色或情节的设计,他都与汪莉珍(导演)、李微(作曲)夫妇推敲、斟酌。俞志华的《婆媳和》、《桂珍与桂英》、《上海滩上李家门》,俞志华总是拿来请汪莉珍与李微过目,提提意见。他们也认真地看,提出自己的看法,哪些地方不合理,哪些个字写错。又如《上海滩上李家门》的最后结局,就是俞志华根据李微意见定的稿。

还有甬剧老艺人金小玉、谢德政夫妇,也是俞志华的忘年交。金小玉老人是宁波今天最懂滩簧的甬剧艺人,俞志华有问必答。可以说是毫无保留。话说2005年到2007年,俞志华参加一个自发组织的宁波滩簧班,经常去那里助演。他们中男的有吴君灵、徐兆丰,女的有金小玉、黑牡丹、殷根娣、朱瑞娣、张秀琴、阿珠。真实,他们约俞志华一起去演滩簧老戏,俞志华顾虑重重,认为他们不上档次,后来动情于某个老

人相邀,不参加会影响他们的收入。虽然,俞志华去帮忙,却也从中学到不少东西,让俞志华更了解了滩簧的特点,直接对俞志华写滩簧剧本提供众多滩簧的元素。

老实说,若没有"生活"的编剧是无法体会的,也无法体现出来。从中,俞志华学了多部滩簧老戏,如果一个演员要在这个滩簧班里站住脚、登台演出,你没有个近十出戏的积累根本无法混。因为,一个戏脚演七场九场也很正常,滩簧戏里男演员没有行当之分。比方俞志华演草花的,偶然也要能演清客,人家点什么滩簧戏,你就得演什么。有一次,在鄞州南乡的董家跳演出,这里是滩簧戏班常用去的地方,热门戏从前都演过了,人家点了当天下午要演的前后《双落发》,所谓前就是"东楼会",也称"借酒壶"。这个戏,俞志华不但没看过,甚至闻所未闻,当时男演员只有他与吴君灵老师两个人,吴老师对俞志华说,志华你头里唱一段帽头子进来好了。俞志华说,这我派头没有了,要演全出演完。他很不高兴地说,除非你是天才,一个多小时的戏,下午演出你能背出来、背得熟。俞志华说,试试。后来,朱瑞娣一句一句说给我听,她讲得仔细,俞志华听得专心。

下午"东楼会"演出后,吴老师对俞志华说:"我就是佩服你俞志华一个人,没一句错漏。"这是一个锻炼,也有朱大姐的功劳。到现在,俞志华略在滩簧戏方面有所收获,常常令俞志华想起在滩簧班里这段时间。想起吴君灵、徐兆丰、黑牡丹、殷根娣、朱瑞娣,尤其是几位大姐,为俞志华讲那些他不曾知道的几只滩簧戏,让他受益匪浅。那年头看滩簧的人很少,女演员不多,男演员更是凤毛麟角。

这段时间里,俞志华走遍鄞州区、奉化、镇海多个镇与乡,演出费很低,却很受老百姓欢迎。班子里也和谐、和睦,其乐融融。

## 甬剧姓甬

2008年,这72个文化项目横跨十个艺术门类申遗成功,包括甬剧榜上有名,被批准为浙江省第二批国家非物质文化遗产。

甬剧的唱腔,尤其是"起、平、落"的基本调,是该剧唱腔的特色。不仅足见一个甬剧演员的功底,更是剧种曲调的魂。俞志化担心,如果人为地对甬剧"过度开发",这是对甬剧的伤害与糟蹋!

当然,俞志华并不全面了解甬剧如何去申遗。但是,他肯定地说,甬剧不可能用现在的全伴奏的基本调吧。

他通俗地举例说,宁波有个家常菜,俗名"臭冬瓜"。因为它很臭,绝大多数人讨厌它;也因为它的臭,却有很少的人尝口后觉得可爱。臭中有清香,所以很想经常吃。船王包玉刚先生重归故里的第一餐饭,请他点菜,他第一点的就是那臭名远扬的"臭冬瓜",成为美谈。

甬剧唱腔虽有不足,但讨厌它的人总没有讨厌"臭冬瓜"的人多。俞志华认为,甬剧专业唱腔设计者对甬剧传统唱法是否可以像爱吃"臭冬瓜"人群一样,为使"臭冬瓜"完美,加上麻油、味精、老酒之类的佐料,而不是去它的"臭",因在冬瓜上放些香料,为更多的消费者喜欢与喜爱。

若一味地"过度开发",俞志华大声疾呼奉劝搁下手中的笔,"子不厌母丑"。甬剧是几代人甬籍艺人的努力与传承,从宁波滩簧脱胎而来,经过数代观众的认可。你若大刀阔斧地将甬剧改得面目全非,这是自欺欺人,那是对甬剧艺术的颠覆。凭一二人的头脑能超越几代人的筚路蓝缕,尤其是这几代甬剧艺人靠此吃饭过日子。如果你真的为甬剧唱得更美,不妨把甬剧当作"臭冬瓜"加些佐料就可以了,而不是将它变成一种"臆造"艺术形式。那是戏曲改革的大忌,走入戏曲改革的死胡同。俞志华呼吁,甬剧改革该刹刹车,切不可为几块奖牌而忘了什么是甬剧。

俞志华说,甬剧的过分"包装",说明内容的苍白。地方剧种就是地方戏,它的魂在地方上。俞志华对今天还对甬剧乱下杀手的改革者,痛心疾首。他说,你对唱腔设计,或许得到专家的首肯并给你一阵鼓励,甚至给你一份荣誉而沾沾自喜,忘记自己是什么人。其实专家肯定有何用,于戏曲发展无补。观众认可,金杯银杯,观众口碑才是硬道理。戏出山寨、戏归山寨,一个脱离了乡村土壤的地方戏,它还是地方戏吗?就像今天的古建筑,拆了重建,它还是古建筑吗。沧桑感没了,他的根、魂也没了,一种生存的原生态被破坏了,它的底气何在。最多是一个赝品,供在那里,骗骗外地观众,骗骗青年儿童,最终欺骗自己。观众是戏曲的衣食父母,是根本。

俞志华的这些想法或许过于尖锐,不能苟同。那让时间来证明,只是成本高些了。听点反面意见总不错的,为过渡改革甬剧泼点冷水,只有好处。俞志华还比喻说,甬剧的过渡改革,堪称北京拆了胡同筑高楼,失去申遗的保留价值。俞志华还说,不要太听专家的意见,他们是某个方面的专家,某个地方并不是全项专家,甚至对甬剧他们是门外汉。他们往往水土不服,还颐指气使地发号施令。

一出戏得到政府拨款,不用计算节目的经营成本,成功了更好,不成功也有政府买单。俞志华为大家算过一笔账,比如大家熟知的几部轰动效应的大戏,它们又究竟上演过几场。若细算一下,大家是否吓一跳,那个演出成本有多高。若让一个走向市场的剧团来经营,那是一种什么代价。那不是玩钱,那是玩戏。俞志华更是加重语气地说:"那是一种文化腐败。"究竟对得起谁,还拿着众多种奖牌,不汗颜吗?既然得奖、反映良好,为什么不多多演出,多多地下乡村演出,将其演绎成一部又一部甬剧经典,那是甬剧的幸事。然而,事实是得奖后从此束之高阁,重新投资再搞大戏……

每一个剧种,都有自身特点,都有自己经得起时间考验与琢磨的特色剧目。那个年代的"样板戏"成就了京剧,《半把剪刀》、《天要落雨娘要嫁》没有一个剧种超越甬剧,那是甬剧的一处巅峰。这两出戏原汁原味的唱腔,令观众如痴如醉而屡听不厌,盛演不衰。

俞志华"痴人说梦",一个纯粹的业余级编导、一个草根将《婆媳和》、《乡下阿发哥》等剧目,至今商业演出已过 200 场。如果一个专业团队的部分成员,能放下架子贴近生活去编导演一些具有浓郁地方特色的剧目,为甬剧观众创作更好更多的作品,那是功德无量。

唱腔改革是为了走出去、走出国门,这太片面了。地方戏就是地方戏,为什么要走出去,为什么要走出国门。世界上越是民族的,也越是世界的。如果为了走出去改革唱腔,那是削足适履,反而走向反面。成了外国人不爱看,中国看不懂的糟东西,钱又白白地打了水漂,那是该当何罪,谁来承担。

那是 2010 年,俞志华来上海演出宁波滩簧味道最重的一出《婆媳和》而反响良好,一位加拿大的中国通石峻山走上台祝贺俞志华说,宁波还有这么幽默的剧种而啧啧称道。俞志华心里想我只是一个业余、草根,如果政府资助我也能走出来,走出国门而味道必须是原汁原味的甬货不走样。

俞志华耿耿于怀的还有一个剧种不能断层,如果光追求青年的欣赏口味而忘了老年观众,那是数典忘祖了。有的青年观众像吃食物一样,长辈喜爱的他们也自然而然地习惯了这一口味,代代相传。剧种内更不能断层,一旦有断层则就变味了,不是根在那。难怪今天有十几年工龄的老演员自己不会设计唱腔,靠作曲。作为一个有经验的老演员要明白,本事再大的唱腔设计者,也只是一个个体,如果你能自己设计唱腔,让作曲来帮你一把,那就是一个"范"了。

俞志华家在史家码村,几年前有个叫杨维西的老人,他业余生活就是一打扑克,二唱甬剧。有一次他潜心于打牌,却迟迟不出,人家催他快快出牌,付什么心事。他讷讷地回答而一语惊人,他说:"甬剧基本调靠作曲,那个剧团到死也弄不好。"

俞志华心想着,但愿我错了,我错了错一个,而改革者错了,则错了一个剧种。甬剧是他一生的寄托。

甬剧的领军人物王锦文曾忧心忡忡地表示:"老演老戏,老戏老演;剧团越演越小,演员越演越少。"她立志要在剧目上开拓创新,《半把剪刀》、《双玉蝉》、《天要落雨娘要嫁》等传统优秀节目要保留,但决不能光吃老本。"甬剧的未来,在于由农村戏向都市化现代化转型。在确保更加戏剧化的同时,要吸收其他舞台艺术的优点。原先在农村演出时的话剧加唱的艺术风格,肯定不行。"她决心创排一部符合城市观众审美习惯的都市剧。她并郑重地指出,甬剧改革必须有个度,有个过程。

缘此,宁波甬剧团创排的大型新甬剧《典妻》,既留住了老观众,也吸引了新观众,这是王锦文的最大欣慰。为了招收有才气、有潜质的学生,为了甬剧的后继有人,王锦文还多次下乡招收学生,对他们现身说法。团里每当排新戏,王锦文首先考虑的是青年演员,她说为了甬剧的传承有序,必须把培养青年演员放在首位,只有出新戏,才能留住人才、留住观众,青年演员才感到有奔头。否则,没人、没观众也就没戏、没出路,甬剧也就真的完了。出戏、出人,剧团、剧种才有出路。王锦文祈望甬剧能变成永不歇业的"百年老店",馨香久远,让甬剧永远地枝繁叶茂

俞志华（中）、王锦文、王坚、张海丽（右起）

地生存和发展下去。

　　俞志华却有自己的想法，中国戏曲行内讲，京剧姓京，越剧姓越，那么甬剧一定姓甬，因为地方语言与地域文化是一种戏曲的根和魂。俞志华一直说一个剧种若失去本姓，即失去本土的东西，那是变种。若本土观众也随之失去，却去骗骗陌生观众。社会上一面出现舞台繁荣，一面却是观众的流失……

　　更有一些剧种的所谓大制作，不是为观众而是为评奖。政府、媒体一起摇旗呐喊，那种功利性由地方政府出钱、请媒体游说，这是对中国戏曲的不尊重，也缺乏对中国戏曲本身的理解。因为戏曲的发展具有一定规律而不是强扭。带着功利演出，那不是艺术，只是"商品"而已。

　　俞志华痛斥，现在大多数戏曲团队是国家资助，靠着党与政府的政策扶持，若全部走向市场将有多少团队迅速成为明日黄花而销声匿迹，这是一个不争的事实。这是一个两难的选择，既要保留剧种，又要市场化考验。他认为，一些艺术团体为了博人眼球而追求高、大、新。投入巨大却没演几场，这是多大的浪费与损失。

　　再说，如今的演员与当年不能同日而语，对艺术的执著与追求更是天壤之别，前者是职业、是谋生；后者是事业、是谋心。诸多高职称的演员,竟不懂地方戏的韵辙,却顶着国家一二级演员的桂冠,那是中国戏曲的无奈。且不说他的艺术功力与戏曲造诣,也不说他的戏德而混迹江湖,那是中国戏曲的可悲。如此这样的体制与现状,三年出个状元,三十年、三百年也未必真正出得了一个"角"。

俞志华一再地说及甬剧,说今天做了十几年的演员,自己还不会设计自己的唱腔,可悲啊。而过去的三四年演员竟能自己设计唱腔,让老师点拨。那是对待做演员的责任不一,一个用生命去演绎,一种事业;一个只是糊口,一种职业。境界不同自然结果也不同。

那些年,学戏是相当苦的,但积累了一个演员的基本功,那来自艺术与舞台积淀,有些是学不来的。舞台积累最重要,除了冬季、夏季各休息一周外,几乎天天有演出,而且日场接夜场,每逢星期天还加演早场,这才真正有戏曲的繁荣与兴盛。每年几次剧团分两支队伍下乡演出,不仅有收入,更有效的是培养观众与演员自身得到锻炼,人人都可以成为主角,往往大家、大腕、角儿就是在这种情况下才能出来。现在没有这个大环境了,体制是一个原因,还有领导意志。说你行,不行也行。说你不行,行也不行。那是中国现状的最大悲哀。今天的角儿都去哪儿了?贺显民、徐凤仙这样的角儿,为什么至今没有培养出来。或许角儿根本不是圈养下培养出来的,都是"野生"的。

就像有人撰文评论中国书画走到今天,大致已经走到"如何烦躁如何来"的地步了一样。中国戏曲也是如此。文章说得好听些,是"冲击力"、是"创新";说得更冠冕堂皇些,就是"笔墨当随时代"。说来也是,时下如此烦躁的时代,应声而来的书画,或者说笔墨,好像还真没理由不烦躁。那么中国戏曲也是如此,戏曲当随时代,那是误区。有人问,书画为什么要有"冲击力"?读书画的人为什么要被书画"冲击"?书画又为什么要"创新",换句话问是:书画为什么要"新"?中国书画"旧"了吗?你的书画"旧"过吗?这些都是要扪心自问的问题。那么,我们的甬剧如何?她过时了吗,她旧了吗,她一定要通过外地人的改革才能发展我们的甬剧?俞志华为此纠结。

还有就是所谓"笔墨当随时代"。人都离不开他所属的时代,既然如此,笔墨可能往哪里去?"笔墨当随时代",这话有意义吗?真正的问题,应该是:笔墨能不能在它所在的时代,还是一如既往的真笔墨。书画是颗伟大的种子,时代可能只是它所承受的水分和光亮,只有心,才是它的田地。

戏曲也这样一颗伟大的种子,是种在戏曲家的心地里的。只有这样,伟大的种子才能在不同水分和光亮的状况下,依然开出伟大的花朵来。京剧也是这样。现在,一线众多的演员,都获得了梅花奖。只是,和他们老师辈,还有梅兰芳、程砚秋、裘盛戎那些伟大的前辈,还是不能比。新一辈,更多的是好在观众的掌声里。他们老师辈,好在他们的戏里。而梅、程、裘呢? 好在他们始终沉浸在自己的内心里。伟大的内心的力量,是让别人的内心不得不感动的力量,无关时代给予的风雨和旱涝,都能开出伟大的花朵来。甬剧也是如此。

还譬如评弹,也是这样。蒋月泉、张鉴庭他们,也沉浸在自己的内心里。评弹不止是说噱弹唱。内心的温文、善良,还有谦恭、敬畏等等,中国人做人的品行和智慧,都呈现在内心了,评弹也因此可能不朽。可以说,即使是梅兰芳,也未必天才到了旷世。他只是用心了,才成了梅兰芳。为什么今天出不了梅兰芳? 文化的水分和光亮,不同于以往,或许是个原因。只是伟大的种子,到底是种在心地的。现在的人们,有几个决绝和有能力怀抱自己的内心呢? 想见再一个梅兰芳,但愿不是奢望。内心的力量,说到底是中国文字的力量。一百年来,白话文中国人已经写得很好了。只是,文言文才是中国人的国文。现在的问题是,和文言文形同陌路的中国人,回不到过去,还有可能前往未来吗? 已经很久了,我们失去了中国文字给予我们的力量、我们的前辈常有的内心的力量。今天,我们的领导与演员们已经烦躁得像暮夏的蝉了。

什么是中国文字给予我们的力量、内心的力量? 不妨读一读苏武和李陵的组诗。苏武这样写着:"长歌正激烈,中心怆以摧。欲展清商曲,念子不能归。俯仰内伤心,泪下不可挥。愿为双黄鹄,送子俱远飞。"李陵这样写着:"携手上河梁,游子暮何之。徘徊蹊路侧,悢悢不得辞。行人难久留,各言长相思。安知非日月,弦望自有时。努力崇明德,皓首以为期。"

苏武和李陵,由于截然相反的原因,都无法回到自己的祖国、自己的家。两人相遇了,送给对方的是诗,是各自内心的决绝和悲切。羞愧,或者尊严,已是天定。两个大男人之间,什么都不必多说,各自在诗里,苦苦煎熬和触摸自己的心。这就是内心的力量。这就是有关诗的内心的力量。悲哀的是,现在的人、写所谓文言文体的诗的一些人,什么地方都用力了,单单除去了内心。推而广之,中国的戏曲更是如此,沉静下心,不再那么浮躁。中国戏曲与中国书画一样,让性情慢下来,回归本原,那是中国戏曲与书画听正道,不知各位看客以为然。

俞志华一再呼吁,甬剧姓甬,就是这个道理。

## 英雄相惜

中国戏曲源自民间的一种纯粹表现老百姓的"兴观群怨",一种以民生百姓、人文历史为主要题材的舞台表演样式——史称"戏出山寨"——成为中国戏曲最初的滥觞与渊薮。深谙其道的俞志华,业已把自己整个的"心"交给了甬剧,成了甬剧最真挚的"供养人"。在他数十载人生历练中,积淀而倾心创作、出演多部关涉民生且接地气的甬剧作品,堪称集演员、编剧、导演于一身,并且身体力行地让戏曲回归民生而案牍劳形。

甬剧《凤岙王升大》,就是俞志华先生的一部观照民生百姓为创作题材的一部力作而为人点赞。堪称是俞志华与王升大传人王六宝的一场"英雄惜英雄"之举。作品,首先是他的创作"接地气",无人可比。

再说,俞志华潜心创作的新编清装甬剧《凤岙王升大》,艺术性地再现宁波百年来的一个真人真事。全剧共演绎成六幕,话说清光绪年间的一个叫"王升大米店"的起承转合。在第一幕"起兴"中,剧情交待了凤岙乡村的时代背景与她的湖光水色:"四明溪水潺潺流,好人好事代代传,光绪年间鄞西地,有一个乐善好施王兴儒"……大幕在极富地域音乐的合唱背景中徐徐打开。

凤岙,宁波鄞县"桃源乡"的一个小村落,这里走出了宁波帮式人物王兴儒……处处体现了宁波人勤劳、智慧、善良,尤其"以诚取信,以信

俞志华采访王六宝母亲

取胜"的经营之道,成为甬人融入血脉的处事为人方式。可以说,诚信与善良、勤奋与节俭成就了宁波帮的创业与发展——"王升大"创始人王兴儒就是一个鲜活的例子。

剧中说,那些年王兴儒半农半渔、勤劳致富,渐渐地在农闲里以鸬鹚捕鱼而稍有积累,村民也时常拿来粮食兑换鱼或钱财。继而,王兴儒的诚信经营而在青垫、风岙开起一家米店,从王记到王升大……剧情集中将王氏体恤贫民好善乐施,铺路造桥修凉亭的事迹贯穿起来而风情万种。耳畔,王老板身着青衫正在店堂里叮嘱伙计"量米时务必多留一角……"的话语声声传来。

在第三四幕中,俞志华用较多场景刻画了"王记米店"的升大量足,老少无欺而令老百姓近悦远来、生意兴隆。这竟引起同行的另一家米店老板娘陆美兰的嫉妒。剧情沉潜反复,先是陆美兰伙同县役白阿三设计陷害王兴儒,后派人绑架了王兴儒的孙子,最后王兴儒在众乡亲的帮助下化险为夷……第六幕审堂一则,县令最终明辨是非,画外音唱道:"是非曲直无错论,善恶真伪有公评,知县老爷亲笔题,王升大米号传当今。"那是知县被王兴儒的种种善举所感动,欣然亲笔题赠"王升大",从此成了米店的金字招牌。整体上故事情节紧凑并不复杂,结局无非说明善有善报而引人入胜,却让人颇有感触。

用甬剧写甬人甬事,"接地气"就是俞志华最成功的一面。剧中演的是"王升大"创始人的一段历史,他的后人就在我们的现实生活中,于是就有了一种亲切感,一种由血缘带来的亲情的对接。同时甬剧这一剧种决定了它的地域性和受众性,用地方戏来演绎地方故事,那是剧作者的高妙,不会有请一线主创人员来打造地方大剧而形成"水土不服"现象而为人遗憾。甬剧是一出地方戏,地方戏就服务于地方,那是根。越地方的,也是越世界的,戏曲也是如此!

甬剧是从宁波滩簧发展而来,尤其在上海滩的历练而成为一个地方剧种。是源于民间百姓根据地方民歌小调娱人娱己的一种说唱形式,其内容自然离不开社会新闻、市井故事,语言通俗、平直易懂。俞志华很好利用甬剧《凤岙王升大》,通过剧情的嬉笑怒骂、插科打诨,将大家烂熟于心的生活场景,比如邻里街坊、乡里乡亲的身边事艺术化,令人产生共鸣。

缘此,剧中人物塑造生动、传神,主角王兴儒就仿佛生活在我们中间,呼之欲出。他的善良厚道,通过故事的渐次展开,使人物凸显了出来,彰显中华民族的乐善好施向来是传统美德,他的诚信经商、他的人格魅力尽显其中。比如在第一幕舍棺木,安葬黄岩老妇的儿媳,并安顿好黄岩老妇祖孙的生活;在第二幕翁大山在账房里偷了六元银元,王兴儒了解原委,不但没有追究,还冒认亲戚,并加送两元银元救急,让翁大山感动万分。以至于到最后一幕,当王兴儒被陷害险遭牢狱之灾时,那些受过王兴儒救助的人及时出手相助,于是一切便峰回路转、柳暗花明了……那是老百姓喜闻乐见的场景。

包括上海阿嫂的嫉恶如仇和陆美兰的刻薄损人,以及白阿三的刁钻世故,个个人物鲜明、形象立体,无不给人留下个性很强的印象。

中国戏曲首先是曲,戏只是一个文化载体——看戏看什么,那就是看一个角儿的"唱念做打",以及背后的人文力量。正是那戏曲的"兴观群怨"而趋于成就了中国戏曲的煌煌大庠。观众都是时间过客,唯有戏曲永恒,才是永远的文化主人。

俞志华用戏曲这一样式传承文化,为读者再现"王升大"由小到大、由弱趋强的过程,旨在讴歌企业诚信与为人善良这一朴素的经营理念与人生观念……纵然,今天"王升大"论企业规模在宁波也不算"大",但是从文化上看,"王升大"品牌也声名鹊起,成为这一领域的佼佼者而为人啧啧称道!

有人称,王升大是个"诚信世家",说的就是从王兴儒到王六宝百余年的创业与复兴,一个企业经营能令消费者近悦远来,靠的是什么,就是一个词"诚信"。诚信是无形资产,诚信是无形的精神遗产。今天,王升大继续以"老字号"优势打造企业品牌文化产业,斥资数百万元开办王升大博物馆,令有些人不理解;但从长远看,无疑是一项无形资产,是别人可望不可及的精神财富。而以戏剧的形式演绎王升大传奇,展示的是人无我有的企业文化,既是对先人创业艰难的缅怀,也是对企业未来发展的展望。王升大后人,第四代传人王六宝深爱文化,又有一股韧劲,在恢复祖业的同时,不忘回报社会,薪火相传。

俞志华先生为了创作这一剧本,从走访王氏后人、搜集材料直到成稿,花了整整一年采访,竟用一个月完成创作,与其第四代传人竟成为一对英雄相惜的好朋友。剧情提纲挈领地截取"王升大"发展史上的一个时段,正是那个三十余年的历程,记录着"王升大"的辉煌。其实,王升大随后也遭受炼狱,如被土匪绑票、日寇洗劫,以及"红色粮仓"等等……笔者期待俞志华写出"王升大"的连续剧,整体演绎其企业的创业和今天"王升大博物馆"的传承。

有道是,诚信是笔无形的精神遗产。能让后人在甬剧《凤岙王升大》里享受这笔先人馈赠的宝贵的文化财富——那是俞志华创作此剧最大的成功。这里期待着俞志华有更多更好的作品问世,那是甬剧的幸事、盛事。让老百姓在戏曲的"兴观群怨"中汲取与感受文化力量与戏曲魅力。

俞志华与王六宝渊源颇深,一对忘年交。俞志华还时常出入王六宝家,与王六宝母亲也很熟,几次采访其母。也为王升大博物馆多次撰文,并获得奖项多多。俞志华并以愚叟笔名而撰文王升大"小娘咸齑"的故事而广受好评。

壬子年冬至日,王升大犒劳伙计,晚餐菜肴特别丰富。光与咸齑搭配荤有"咸齑大黄鱼"素有"咸齑烤冬笋"……老酒落肚,话门全开。第三桌更加热闹,崔阿根说:"咸齑要吃阿拉樟村贝母地菜。"邱阿毛讲:"鲜不过阿拉邱隘雪里蕻咸齑。"争论不休时来了端下饭的女佣小娘,听了很不服气:"随你啥地方咸齑,难比阿拉湖堤咸齑。"正是十七姑娘像朵花,阿根阿毛急"刹车"。竞争对手,假作斯文。可四目焦点在"小脚娘子踩咸齑,踩出咸齑臭兮兮"的三寸金莲。隔桌上横头的兴儒老板暗暗发笑开口了:"那你们放假三天,回来各带家乡咸齑,谁味道好,谁的名字就打在新品咸齑上。"

三人如期回店,老板别出心裁,令三人互评。小娘胸有成竹,料定邱隘人不评贝母地菜,樟村人不赞雪里蕻菜。果然"女士优先"。其实老板心知肚明,三种蔬菜本是同类,至于口味好坏,看你腌制技巧。

翌年,"小娘咸齑"面世,为何载誉甬城内外?归根结底,王升大不邯郸学步,而独辟蹊径。

还有俞志华的"老外公毛竹酒的由来"文字也是朴素得可以,仿佛一帧风情画,过目不忘。

老外公姓汪名沈,终生栖身鄞州大雷,有毛竹山地廿亩,勤俭度日,乡里赞誉。

民国六年,外公喜得女儿,可因外婆奶水不足,外公听人所言,酒能催奶,请村人酿五斗米酒,不料外婆对酒极不适应。弃之可惜,又因外公略懂草药,浸入酒中破格已侈。每每上山锄地,带上半瓦罐药酒作为午餐。有次上山,发现瓦罐破碎,药酒外渗,灵机一动,在刚生长的其中一株毛竹一节用铁器钻了一个小洞,将药酒灌入其中。

数月后,上山砍竹,猛记起这株毛竹曾有药酒,将该节竹筒锯回家中,一喝,发觉口感与往常截然不同,而且日后感觉浑身添力。从此年年有意将草药酒多多放存竹中,并屡劝女儿们也同饮此酒。

如今安居在横街同山村大女儿汪李大九十八岁，住在高桥长乐新村二女儿汪二花九十又四，四个姐妹个个脑清眼明、手勤脚健，王升大博物馆为将老外公九十八年的秘酒发扬光大，故而推出以供人们共享为乐。

俞志华的文字——俗。且俗得可爱，一种境界。就仿佛他的甬剧一样，写实如同邻家。比如"王记太婆月饼"：

王记太婆月饼：王升大米店鼎盛年间，每逢中秋八月，商贾互赠月饼进出多多。讲俭朴爱积攒的老板王兴儒，号召家属人人动手自制月饼，公众评选。结果，夺魁竟是太婆王曹氏。从此，年年馈赠有余还对外零售，口碑载道。因馅饼依照太婆配方，故称"王记太婆月饼"。原先有条规则，配方只传媳妇不传女儿。如今根据第三代媳妇九十三岁的王汪氏记忆，重新面世。

还有油赞子"童谣"：

八月十六中秋过　/王记月饼停止做　/剩落面粉交关多　/愁煞年迈老太婆　/幸亏大雷太外婆　/聪明能干本事大　/生风炉开油锅　/两只手面粉搓　/炸出喷香油赞子　/酥又酥来糯又糯　/小孩吃了笑呵呵　/老人连夸不错不错真不错！

## 戏曲物语

中国梨园界里素有"三年可以出一个状元，三十年却出不了一个名角"的感叹。这与"天时地利人和"的社会环境直接有关——或许俞志华就是这样一个"感士不遇"，或是一个"生不逢时"的鲜活例子——怎不让人一声"感叹"可以了得！

有人称，王锦文是甬剧艺术的领军人物，而俞志华则是甬剧的一个守望者而支撑起民间甬剧的一番天地。缘此,今天的甬剧因王锦文而精彩,业余甬剧因俞志华而风情万种。

俞志华既擅甬剧"乾旦"之精彩,也长甬剧"草花"之美誉,更是有将"滩簧"进行到底的执着。尤其,他在舞台上糅合丑角与旦角于一体而出神入化。因为,他有生活、又有滩簧戏的浸染而成就他"业余甬剧第一人"的底气。

厚积薄发的俞志华最得意的是《乡下贵发哥》,一气呵成。那是,甬剧"供养人"的俞志华,时代历练了他数十载"从专业而民间"的一个"接地气"的甬剧艺人,那是甬剧之幸!如果说,甬剧丑角即"草花",以擅长诙谐、幽默、愉悦观众为表演手法;那么,俞志华就是一段缱绻的曲、一幕跌宕的戏,令闻者屏气凝神、令观者荡气回肠。

虽然,中国传统戏曲中的生、旦、净、丑四大行当,丑排位最后,但它却不可或缺,有时甚至起着戏魂戏胆的作用。丑角诙谐滑稽,直面真理的语言与灵活多变的表演技巧,带给观众自由、夸张、欢快、热烈的鲜明印象,将人们从枯燥乏味的日常生活中解脱出来。缘此,有了丑角,才有了中国的戏曲之始——俞志华便是这样一个鲜活的"草花"专业户而为人啧啧赞赏!因为,丑角身上蕴涵的文化意味至为厚重,"无技不成丑","无丑难为戏"那是一个"草花"演员的底蕴与功力。

今天的俞志华并非专业演员,又无任何的级别与奖项获得,是一个体制外的民间甬剧演员,然而却早年在专业甬剧团里磨砺,有着传统的滩簧骨子老戏的浸润,更有着多年从舞台蛰伏到戏曲历练的人生积累;同时,退休后的俞志华竟是一往情深地"玩票",传承地方戏曲而风生水起,玩着玩着竟玩到了电视台,做起了以宁波土话"坐坐桥头 讲讲新闻"节目的主持人"俞家婆婆"。

更有甚者,为甬剧而生的俞志华曾携他潜心编著并出彩主演的多部甬剧来到"宁波滩簧"发祥地的上海……若聆听他滩簧小调,就能体会"唱戏的是疯子,听戏的是傻子"之味,"怎不叫人以身相许"——那就是七十有余的俞志华,一个人的戏曲物语。戏曲内容可以不美,却一定是程式化的典雅与娴静,还有点幽幽的惆怅——那是戏曲的魅力了。

譬如,他那滩簧与戏曲(甬剧)之间的那种以演唱、以表演为主的戏曲之美,活脱脱一个旧时代的"男小旦",真是令笔者莫名地喜欢。今天,俞志华为民间甬剧培养演员、培养观众,为甬剧传承可谓功不可没,是甬剧之盛事。

有人说,会抽烟的男人都有故事——也许,故事并不重要,重要的是谁是主角——草根"草花"俞志华,是也。

如果把书比作人的面孔,那"序"就是眉毛,没有眉毛的脸如同没有生气的脸谱;那么写序者理想人选应当为名人或是身居高位者,无奈家父环顾四周之时恰逢我毛遂自荐,虽知我不学无术,最终还是欣然成全了我一表孝心的"画眉"之举。我曾经问及父亲,学戏这么苦为什么还要学?他笑着答道,因为你的阿太和爷爷奶奶爱看戏啊。如同我儿子俞皓天问我,爸爸你为什么爱看戏,我说因为你爷爷是演戏的。百事孝为先,孝以顺成之,顺者我的理解就是传承。就像当父亲遇上甬剧,甬剧幸甚,父亲甚幸——那是俞志华儿子俞波帆在《心曲——俞志华:一个孤独的甬剧守望者》一书作序之言。

# 第六章　舞台:戏曲有约一生情

燕子几曾归去,只在翠岩深处。
重到画梁间,谁与旧巢为主。
深许,深许,闻道凤凰来住。

## 淡泊人生

俞志华的文艺界朋友很多,时有人好奇、也有点调侃地与他开玩笑问道,你戏饭吃到老,竟连一个职称也没有,各级的戏剧家协会也不在其列。企业退休与我们事业单位退休待遇悬殊……俞志华只能吃进,还能说什么。落寞写满在脸上,这是一种无奈,这是一种体制有别的现状,俞志华是深深地尝遍了,点点滴滴在心头——怎能一声叹息可以了得!

起初,俞志华心里颇有不快、很是气愤。心里好大的不愉快,为什么。今天,他再听到此类的话语,他已经麻木不仁、刀枪不入了。他说耳朵听出老茧了,淡定了。其实,那是一个心态,一种自我安慰而已。因为,不公正摆在眼前。尤其,企业单位把他的工龄也少算,他也只得认拍掉牙齿往肚里咽,这就是俞志华。若按有关条例,文艺界、体育界工龄应从进队开始算起,没有所谓扣除童工期的年份。即把他少年进团的年份给抹去了,不计连续工龄,这不讲道理,俞志华也是忍气吞声。

俞志华还拿身边的人作对比,平衡自己的心态。比如,在文艺界,宁波有个著名小生,曾被傅全香重拜的毛佩卿,曾在上海被黄金荣封为"越剧皇帝"的鲍玲贞。还有宁波甬剧团的黄再生、余盛春……他们至今未有录像资料留下来,甚至鲍玲贞连个录音也没有留下。俞志华说,按我评价,至今宁波越剧界无人出其右。就是说,今天的宁波越剧界有哪位演员达到毛与鲍的造诣与艺术功力。无论表演水平,还是导演水平,可以说那代表了宁波越剧的最高水平与艺术境界。

黄再生、余盛春两位老艺人,单说表演艺术,俞志华也是感佩之至。在甬剧界堪称前无古人,更是难言后有来者。黄再生塑造的《亮眼哥》中的万青松,《杨乃武与小白菜》中的杨乃武,《红珊瑚》中的打更老头,《王鲲》中的秦老五,《红岩》中的许云峰等饰演的众多角色,个个出彩成为一个经典人物造型而写进甬剧史。还有余盛春所塑造的《金沙江畔》中的金明,《红岩》中的徐鹏飞,《亮眼哥》中的王坤生,《王鲲》中的王鲲……他们俩无论扮老扮青,饰正派或饰反派,甬剧中无人可比,一座高峰。

以上诸位至今几乎已是明日黄花,渐行渐远,成为一处远去的风景。最多毛佩卿还偶尔被提及,一代表演艺术家。

再有,令俞志华颇为纠结的,一个年轻时代的一个忘年交,是一位姓陈的老医生,毕业于北京的协和医院,与林巧稚同班同学,宁波华美医院创始人之一,也是经常给宁波医学界名医上课的,或纠正他们医药书上的英语勘误工作。然而,他却由于某种原因,还不能入行,而是一位体制外的专家学者。他这样一个真才实学的医务工作者,在上世纪七十年代还三天二头地上俞志华家,让俞帮他找点另工借以度日。

俞志华还与天一阁的范氏家族有关联,俨然一个范氏后裔,一段情结。上世纪,凡是天一阁管理人员都以为俞志华是范氏家族的范鹿麒的亲戚,其实,那是俞志华的一个"冒认",伴名人之嫌。

宁波的城市名片就是,港通天下,书藏古今。其"书藏古今"即指"天一阁"。天一阁,位于中国浙江省宁波市月湖西侧的天一街,是中国现存最古老的私家藏书楼。主人范钦,字尧卿,号东明,官至兵部右侍郎。他依据《易经》"天一生水、地六成之"理论,取"以水克火"之意,把藏书楼定名为"天一阁",阁前凿池,名"天一池"。它不但收藏了大量珍贵的图书典籍,并且对后世其他藏书楼的兴修也产生过重大影响。乾隆帝南巡时,命人测绘天一阁房屋、书橱的款式,以此为蓝本,在北京、沈阳、承德、扬州、镇江、杭州兴建了文渊阁等七座皇家藏书楼以收藏《四库全书》。天一阁从此名扬天下。范钦的重孙范文光又绕池叠砌假山、修亭建桥、种花植草,使整个的楼阁及其周围初具江南私家园林的风貌。

天一阁曾有藏书7万余卷,但到了近代由于吏治腐败、盗窃和自然损毁,书籍仅存1.3万余卷。中华人民共和国成立后,经过查访和募捐,书籍达到30万卷。1982年,天一阁被中华人民共和国国务院公布为第二批全国重点文物保护单位之一。1982年3月被国务院公布为全国重点文物保护单位,先后新增中国地方志珍藏馆、麻起源地陈列馆等处。中国地方志珍藏馆收藏全国各级各类当代地方志6730多册,获

2000年度"全国博物馆十大精品陈列最佳创意奖",列入第五批全国重点文物保护单位行列。2003年被评为国家4A级旅游景点,2007年又被公布为全国重点古籍保护单位。

天一阁占地面积2.6公顷,是一个以藏书文化为核心,集藏书的研究、保护、管理、陈列、社会教育、旅游观光于一体的专题性博物馆。现藏古籍达30余万卷,其中珍椠善本8万余卷,除此还收藏大量的字画、碑帖以及精美的地方工艺品。"天一遗形源长垂远　南雷深意藏久尤难"——顾廷龙钟鼎文,最能书写出天一阁的文化渊源与人文魅力。

一代藏书大家范钦之墓,就在鄞州区的一个叫茅山的地方,茅山不大,孤零零的一座小山,却颇有来历,自古有"南来第一山"之誉。相传,汉时茅盈、茅固、茅震各驾一鹤至山,故名。又有山出香茅之说。

范钦墓壁前"明兵部右侍郎范钦墓"的字迹赫然入目,苍劲有力,系沙孟海先生的女婿张令杭题写。范钦墓原称"五台坟",因墓前有五个依山势而建的平台,石板铺设,渐次升高。平台的两侧还各有一对石人、石马,气势恢弘,墓室就在第五平台上。如今,除了墓前这个最高的水泥平台,其余四个都早已难觅痕迹,要么毁了,要么被辟为菜地,让人唏嘘不已。大约十年前,这里还被密密麻麻的公墓包围着,加之年久失修,范钦墓湮没在荒草杂树丛中,一片凄凉景象。近年来由于有识之士的努力,范钦墓及周边环境得到了修缮整顿,公墓迁走了,环境变得相对整洁。范钦地下有灵,也该含笑了。

在生命的最后几个月,范钦曾对自己的一生作过评价,见于《天一阁集》末卷的《自赞》,曰:"尔负尔躯,尔率尔趋。肮脏宦海,隐约里间。将为斷斷之厉,抑为嬽嬽之愚乎?古称身不满七尺而气夺万夫,陆沉人代而名与天壤俱,盖有志焉而未之获图也。吁!"寥寥数语,道尽了他在经历多年宦海沉浮后,对官场、对人生的切身感悟。如今,这篇《自赞》就镌刻在石碑上,立于墓的一侧,成为了解范钦心路历程的最好写照。范钦最后把自己的寿域也建在了茅山,可见他着实是喜欢上了茅山这个地方,即使身后也要与茅山同在。茅山有幸埋忠骨。

俞志华却说起自己与天一阁的这段情缘,颇有意思。那是1977年夏天,俞志华的儿子俞磊磊(俞波帆)他娘在市一医院分院住院。那天,俞志华领着三岁的磊磊去看望他母亲。正当在大人间说话时,磊磊独自走开了,俞志华急切地去找他。原来他正在隔壁病房的一个婆婆处说着,吃着饼干。一老一少似乎是早就熟识的自家人。

俞志华后来了解到,这位七十来岁的老婆婆原来是天一阁家族中的正宗媳妇叫庄银香。其丈夫范鹿麒(1894—1966)现代藏书家,原名范若麒,浙江宁波人,著名藏书家范钦第十三世孙。毕业于宁波师范学校,先后在鄞县贯桥、县学街、觉民等小学任教,担任过小学校长、教务主任等职。1937年抗战爆发后,为保护天一阁藏书楼和藏书不受损失,在鄞县文献委员会的帮助下,把全部图书分装23大箱,运至浙南龙泉福泽乡万达石村保存,使藏书免遭损失。1939年初,又将其他明刻、明抄本分装8大木箱,转运到鄞南茅山范钦墓庄。宁波沦陷时,日寇曾派一个连以"保护中国文化"为名,来到天一阁时,见书楼已空,只好束手而归。

在1933年,天一阁藏书楼东墙因台风倒塌,范鹿麒奔波于县文献委员会,呼吁并组织重修天一阁,他被聘为重修天一阁委员会总务委员。抗战胜利后,藏书于1946年底运回天一阁。1949年,范鹿麒出任鄞县古物陈列所主任,负责管理文物和天一阁藏书,对天一阁维修、藏书保护和征集等出力尤多,购回天一阁散出的古籍30余种。1949年5月,宁波解放;6月9日,宁波军管会文教部接管天一阁,在尊经阁内设古物陈列所。范鹿麒任主任并负责兼管天一阁。1958年,范鹿麒受到不公正待遇,被开除公职并劳教,1981年得到平反昭雪,恢复名誉和公职。

庄女士因丈夫范鹿麒故世,没了生活来源。这位文质彬彬、年逾古稀的老人竟在替邻居倒马桶糊口,最终积劳成疾,动了切除胆囊手术,身边无亲人,只有一个邻居阿龙娘动了恻隐之心而抽空护理。天一阁,今天悉数交给了国家。而创建天一阁的家族后人竟无领导无一人过问,令老人心寒。原来这一老人没有资格享有遗嘱,领赡养费。而令俞志华诧异的是一个堂堂范氏媳妇,竟没有权利领取赡养费。天理何在?为此俞志华几次找文化局有关领导询问此事,为老人解决后顾之忧。有关领导却劝俞志华不要多奔脚头,这事铁定不能落实政策的。政府官员说出这样的话也属正常,否则不是自己打自己脸了。只是俞志华不卖这个账,定要讨个说法。俞志华当时就说:"解放区的天是晴朗的天,我相信总有一天上面的共产党会来落实政策!"他们说我看着你。俞志华喊出大话:"我让你们等着"。

于是,毫不相干的俞志华向中央与人民日报写信。如实反映这一情况原委,督请政府过问。一段时间后,俞志华也不知怎么回事,天一阁与市文化局有关人员主动来找他。他们对俞志华说,算你路道粗。上面督促下来,范鹿麒的错案已被纠正,庄银香可以拿遗嘱赡养费了。俞志华心想,这真滑稽,落实政府讲路道?这确是一个国情。那年头是一个人治社会,这一现象不足为怪的。

后来,庄银香嬷嬷年纪一年一年老去,老年人需要照顾。同时,俞志华儿子在读小学,也需要有人照应。俞志华夫妇都是双职工,中午不能回家,也正需要一位祖母似的老人照顾。其他的均不要,她老人家操心了。就这样,俞志华与她两家并一家,且亲如一家,俞志华的兄弟姊妹也把她当作自己的母亲一般看待。俞志华父母把她当作自己的姊妹,令老人家的穿戴都很现代。

俞志华儿子读中学了,老人家就不再烧中饭……直至1993年老人家寿终正寝,享年八十有八。俞志华夫妇冒天下之大不韪,隆隆重重地用六辆车将庄银香老人送到阿育王公墓用棺木土葬,了却她生前最后的遗愿。

更有一事,俞志华要说,不吐不快。有一年,天一阁某领导来到俞志华处说,让他写一纸报告,意思是要增加庄银香的赡养费,但是报告中必须写上"看在我丈夫范鹿麒将天一阁送给国家的分上。"当时,他被蒙在鼓里,以为范老先生大概是有过此类承诺。

可在庄嬷嬷的葬礼上,有人说及"老奶奶生前做了一件错事,怎么可讲将天一阁送给国家"。俞志华一愣,忙问缘由。她拿出一本新出版的书说,书是这样写的。俞志华一看这本书的作者,就是那个让俞志华在报告上盖庄银香图章的人。

俞志华第一时间找到天一阁,与那个人论理。这样做事太缺德!其实,此前也根本没有办过任何形式的赠送仪式,天一阁就这样不伦不

范鹿麒夫人庄银香

类地"归公"了。更有甚者,今天天一阁成就了宁波品牌的半壁江山。若没有天一阁的"藏书古今",哪来宁波"港通天下"之盛誉。天一阁名扬四海,有功之人既有古人,也有现代在位之人……却没有为范老先生的业绩提上一笔,抗日战争时期,范鹿麒怕宁波沦陷,那些书籍被日寇损毁而把书运到龙泉暗藏……

俞志华疾呼,为什么这段历史被湮没,历史不应该被忘却。

# 戏者仁言

2011年8月,俞志华应北京"老江湖"摄制团队之邀,前往象山拍摄一场"九分钟"电影《悬赏》。俞志华饰演男主角关伯,这也是老江湖团队第二次与戏曲结缘。团队代表作《老江湖》就曾使用重庆地方戏曲演员作为主演。这次是宁波甬剧演员、曾参演过戏曲电视剧《看错人头》的俞志华,正是更凸显出地方特色。这种现代电影与地方戏的结合,让人着实感到有趣。剧组的主要拍摄场景也敲定于丹城附近的红岩海滩海滨小屋。

老江湖团队拍摄的九分钟影片是《悬赏》,拍摄一直进行得挺顺利的,在第三天的时候得知台风"梅花"——"梅超风"正将杀过来,于是大家加班加点紧张地把第四天的戏也赶完了。第四天,一干人等静候"梅超风"……果然是杀气腾腾,象山顿时笼罩在阴云之下,闷雷滚滚……不过,仅此而已,事实上梅超风只是在象山打了下酱油,她来也匆匆去也匆匆。老江湖们就算按原计划拍也可照样进行。两天的拍摄任务压到一天拍也照样干掉,而且还"拍得挺快的",导演刘迪洋说:"很满意。"

有准备、有实力的团队当然不会被天气打垮,哪怕是台风。期待老江湖的九分钟作品《悬赏》。剧中老爷子自知时辰已到,不料却和骗子、美女、流氓一一打了回交道,他们只冲着一个目的而来——钱,而走在生命尽头老爷子放得下的是什么?放不下的又是什么?一张悬赏、三条小狗、一位老人,写尽了这个社会的世态炎凉人……令人反省。由于最为强势的台风"梅花"将登陆象山,正是由于台风的原因老江湖团队原计划用4天的参赛影片"悬赏"也被迫提前一天杀青。

电影背景是象山的大海、船只、海边小屋……时代、人物、地点,不着一字却尽得风流。俞志华沧桑写在脸上,沉默寡言却是形神俱现。在影片中,他把握得恰到好处,片中他言语不多,沉默、点头、掏钱、接电话、一把躺椅悠悠地晃动、晃动……都是"沉默入戏",一改戏曲上的又唱又舞,而是一脸低沉,此处无声胜有声,那是一个老演员的气场。

俞志华更是感慨这一团队的青年人对他的热情与关切,由于大热天大家怕俞老师中暑,时刻派人为他打伞、遮阳,随时送他冷饮,每每用餐俞志华还没到他们都不动筷子,令俞志华很是感激他们对自己的尊重。晚上睡觉,一旦俞志华有点动静,陪睡的人就过来关切地询问,令俞志华很开心。这哪是一部小电影,分明是一段人生体验。哪里分得清戏者、人者,两者兼而有之。

2012年9月,俞志华又成功以"宁波走书"身份,赴京参加大型音乐诗画《鄞地九歌》演出。一曲"风云滚滚两千年,沧海桑田日月异。若问九歌唱什么,鄞地万物尽灵气……"以历史文脉为线索,通过秦置县、唐治水、宋兴学、千年梁祝、热血家国、宁波商帮、贝母花开、农民创世纪、蝶变新鄞州9个篇章,形象解读鄞州这个具有两千多年历史的文化古县——《鄞地九歌》在北京展览馆剧场正式上演了。俞志华稍有遗憾的是,若那段宁波走书,由自己来唱那更出彩、更圆满了。

《鄞地九歌》是文化部主办的"大地情深"国家公共文化示范区创建城市群众文化进京展演剧目,而鄞州区是唯一创建国家公共文化示范区的区级城市。走进可容纳2000多人的剧场,座无虚席。剧院中间和两边置着五六台摄像机机座,近百人组成的交响乐团在舞台下的席位上依次坐着。

随着中央歌剧院乐团首席指挥家指挥棒的挥动,雄壮的交响乐响起。第一篇章《秦置县》开场,鄞州民间艺人俞志华一袭长衫,凸显出这个时代背景,举手投足从容大气,足见俞志华的多年舞台历练之功。中国民族音乐的丝竹弦乐响起,唱词生动演绎了秦始皇在统一中国时建立郡县制,鄞县成为首批县级地区的情形,表达了鄞地民众渴望和平与和谐的美好愿望。令俞志华遗憾的是,他只是表演、幕后配唱。其实,他可以唱得更好、更有味与更投入而生动感人。

九歌包括《唐治水》的它山堰打桩,第三篇章《宋兴学》的鄞县县令王安石寻访五先生办学,第四篇章《千年梁祝》,第五篇章《热血家国》展,第六篇章《宁波商帮》,第七篇章《贝母花开》,第八篇章《农民创世纪》,第九篇章《蝶变新鄞州》。精心打磨的九大篇章不仅保留了浓郁的鄞地风味,在表现形式上还充分利用了音乐、舞蹈、诗歌、戏曲、歌唱各种艺术形式和具有地方特色鲜明的优美唱腔、色彩艳丽的服饰道具、逼真华美的舞台置景、感人至深的跌宕剧情,为观众带来了一场视觉和听觉盛宴。

《鄞地九歌》由剧作家胡绍祥和中央歌剧院院长兼艺术总监俞峰共同编剧、作曲家唐建平作曲、国家一级导演王湖泉执导,并邀请舞美设计师季乔和舞台灯光专家周正平携手打造,国家话剧院一级演员杜振清与鄞州区钟公庙文化站副站长王凤阁主持。

《鄞地九歌》以鄞州的历史、故事为元素,立体而形象地展示了鄞州波澜壮阔的历史画卷和当代亮丽风貌。该剧是中央歌剧院与鄞州合作,以推动地方文化发展为目的的一次尝试,不仅是为了创新和挖掘文化、艺术、历史等,也是为了保护和发展民俗、非遗等民间艺术。

由中央歌剧院和宁波市鄞州区人民政府共同打造的大型音乐诗画舞台剧《鄞地九歌》，由中央歌剧院歌剧团、合唱团、交响乐团和舞台美术制作中心的350名艺术家，与来自宁波市鄞州区的星光艺术团、民间艺人和群众演员一起联袂呈现。《鄞地九歌》是文化部主办的"大地情深"国家公共文化示范区创建城市群众文化进京展演的优秀剧目之一。

宁波市鄞州区是首批全国公共文化服务体系示范区创建城市，也是全国唯一一个县（市、区）级的创建单位，自古就以"诗书耕读"传家，加之宁波商帮文化和两千多年的古县历史，铸造了鄞州厚重的历史文化底蕴。撤县设区后，激活了鄞州经济的大发展，加之政府的大力扶持，鄞州的现代文化与历史底蕴相融合，呈现出一个文化气息浓郁的崭新鄞州。

俞志华在最后谢幕环节，他最后一位出场，竟然全体交响乐队演奏人员起立叫好，令俞志华开心得晕眩。"我好好兴奋！"那是俞志华从艺生涯中最为激动的一幕。

## 旧雨新知

俞志华自己虽是一个甬剧民间艺人、非体制内的甬剧演员，但是他却身体力行地参与甬剧演出，为甬剧写了多部颇有影响力的剧作、自当导演，由此他培养了众多甬剧的爱好者与传承者，为地方戏曲的繁荣与发展可谓劳苦功高。

有人笑称，"他是业余甬剧的领军人物"。此话不假。甚至，俞志华还竭力地培养甬剧的音乐人。他认为，自己是个业余、非专业的科班编导，特别需要一个合心合意的作曲作帮衬。他选择中了农民出身的王安民。他深信，只有与他合作，才能守住原汁原味的甬剧味道。

好在王安民竟是王宝云的侄孙，自小耳濡目染。那年，俞志华有缘欣逢王宝云期间，王宝云曾说起王安民喜欢甬剧，说他有悟性、肯用心。后经王宝云介绍，王安民拜金小玉、谢德政夫妇为师，正式学习甬剧。

1993年，俞志华便找他为自己的剧作作曲。起先他害怕、顾虑重

俞志华学生史美福

重，心想作曲谈何容易。俞志华便鼓励他，说他从游泳中学习游泳。俞志华并将自己有关的乐理知识如数传授给他，使他渐渐有所喜欢与发生浓厚兴趣。

俞志华的《婆媳和》、《乡下贵发哥》、《老爹泪》、《桂珍与桂英》、《连环案》、《坐错花轿》、《烂冬瓜传奇》、《团圆以后》、《明月村》、《凤岙王升大》等原创剧作谱曲都是他的杰作。

王安民从生疏到成熟，成为俞志华的"战友"。王安民感慨地说，我的甬剧情结，上半世是王宝云公公，下半世是俞志华老师。俞志华也不由骄傲地说，正因为有了王安民的配合，俞志华才有可能把下应的一批门外汉调教成甬剧演员、半专业的甬剧人才。下应甬剧团何以这边风景独好，年年能演出百余场，就是靠着这些富有地方特色的甬剧新作。

有位学生蔡佩英，是这样回忆她的老师俞志华。她写道，说起我和甬剧的缘分，那可是不浅哦。在我还是小姑娘的时候，就十分喜欢戏曲，甬剧、越剧、黄梅戏等都会那么几段，兴起的时候时不时地还哼上几曲。出于对甬剧的爱好，我经常会在单位的文艺演出中露上一手，获得的评价也较为不错。但这些表演都只是我对甬剧经典选段的"模仿"，最多一个"形似"而已。可以说，只是个人的理解，有许多不到位的

俞志华学生蔡佩英

地方。

　　真正走进甬剧，是因为女儿去杭州求学，我有了较多的空余时间，对于甬剧的爱好就愈加浓烈。机缘巧合的我加入了下应甬剧团，更荣幸的是结识了我的师傅宁波知名甬剧演员俞志华老师。俞老师是一位演技精湛、戏曲理论功底深厚，演戏、创作俱佳的戏曲人才。能成为俞老师的徒弟真是我莫大的荣幸。由于我是一个"半路出家"的"老演员"，基础几乎为零，连甬剧的基本调是什么都不清楚，台步也走得"随心所欲"，但俞老师却非常耐心地传授我基本戏曲理论，指导我基本形体动作。一遍遍、一次次、一回回，不厌其烦地教我。要知道，那时候俞老已经六十几岁了，但却比我这个四十几的人精力还要好。俞老师说，只要能够唱甬剧，甚至做和甬剧相关的事情，他都有用不完的精力，怎么也不会觉得累。

　　俞志华欣慰了，那是学生的口碑。还有一个甬剧爱好者叫史美福，他是鄞州区下应甬剧团团长，曾是俞志华老师的学生。因在同学中排行第六，俗称他"六弟"。他自豪地对别人说，为什么我们剧团年年走红、深受广大甬剧观众欢迎，主要是剧目大多来源于俞老师原创剧目。这些剧目不仅我们团里自己演，而且十九个业余团队中半数以上剧团

俞志华（左）

向我们学习,同行们戏称我们为"样板团"。一位资深人士说"下应甬剧团"上演的《婆媳和》、《乡下贵发哥》、《老爹泪》已成为甬剧经典剧目了,连同《坐错花轿》、《连环案》等成为了民间甬剧团上演剧目的半壁江山。

他更说,近期俞老师又为我与包君亚、舒一平等量身定做创作了一部大型宁波甬剧"男婚女嫁"。它用喜剧的形式,启迪男女之间正确的婚姻观。作为剧团负责人的史美福,预测未来定然排该原创剧目仍是同等剧团之最,多年上演场次仍是同等剧团之最,被誉为"草花"专业户的下应甬剧团前途光明。

宁波戏迷俱乐部的张海波,早年在姜山甬剧团当演员,出演众多角色,曾师承甬剧大师曹定英,且在宁波甬剧团成立60周年的一个征文活动中,她以一文悼念曹老师而获征文一等奖。张海波离开剧团后参加高考,下过海做过事业,而甬剧仍是她不改的爱好初衷,是她的一个梦。始终不渝地参加业余甬剧的演出活动,甘当绿叶,辅导青年学习甬剧。说起与俞老师的渊源,她也是情有独钟。她动情地称,俞老师的戏的功底、功力是全方位的,能演、能导、能写,擅长草花,反串老旦更是一绝,一招一式,特有"范"味、一个"角"儿的气场。她认为俞老师的戏,土。土得掉渣,并从土地里开出花来。

张海波举例说,2008年在江浙滩簧戏汇演中,她与俞老师成功搭档出演《借妻》,成为她演艺生涯的一段美好记忆。并且,在甬剧《团圆以后》一剧中,俞老师力邀张海波在剧中饰演角色,前者饰演失散四十年成为大毒枭的哥哥,她饰演一个缉毒队队长妹妹,舞台上斗智斗勇……在生活中,张海波也视俞老师似父亲一般。还有甬剧经典唱腔的"比方卿",俞老师也教过张海波,称俞老师能连唱二百多句。

还有,活跃在上海的青年戏迷陶一铭与俞志华也有一段情缘。他说,2008年他通过演出《借妻》认识了俞志华老师,俞老师在戏中饰演张古董一角,当时俞老师已经60开外,但是演起这个角色来,照样浑身带劲,唱腔念白表演非常地道,一出场就能把观众的胃口吊起来。一旁看戏的他,暗暗佩服这位老师。这也是陶一铭对俞老师的第一印象。

由于《借妻》的缘分,陶一铭与俞老师结下友谊,有了往来。当时,俞志华在下应甬剧团担任编剧、导演,还兼任主要演员,因此陶一铭常去下应甬剧团看戏。俞老师的表演真切细腻,悲情时令观众潸然泪下,欢喜时又让观众捧腹大笑,实在令他这个上海的甬剧观众着迷。缘此,陶一铭经常去宁波看下应剧团的演出。他说自己仿佛染上"毒瘾"一般。

下应甬剧团团长王文宝也是俞老师的高足,她为了办好剧团,在剧目上有所创新,特意把俞老师聘请到下应,吃住全包,主要任务就是搞创作。俞老师的老戏基础特别好,在创编剧目上他抓住了地方戏的主要特点,唱词通俗化、唱腔传统化。他所创编的《婆媳和》、《坐错花轿》、《乡下贵发哥》等剧目,从唱词中就能看出俞老师深厚的老戏基础,许多不常用的韵脚在他的戏中发挥出想象不到的效果。

在交往中,俞老师知道陶一铭非常喜欢传统戏,特意为他引荐了宁波的几位前辈老艺人金小玉、谢德政和黑牡丹等,并亲自陪同他一一拜访。2012年,上海电台举办长三角滩簧戏汇演,浙江专场的压轴戏就是俞老师和前辈名家金小玉合作的《卖草囤》。俞老师的形体动作和清晰明快的演唱,引来台下阵阵掌声。俞老师的演出的确有味道。

陶一铭认为,虽然俞老师现在离开了下应剧团,但是下应的唱念依旧味道十足,离不开俞老师的影响。陶一铭比较下来还是认为,业余

俞志华学生张海波

"剧团是多的，但是要听味道还是要去下应"。因为，俞老师的老戏基础好，所以他编排的戏都保留着甬剧的老味道。无丑不成戏，俞老师做到了这点，他的丑角无论角色轻重，都起到了很好的铺垫衬托作用，陶一铭如是说："下应甬剧团能持续十多年，既有王文宝的坚持，也离不开俞老师的好戏。"

宁波王升大老板称俞志华是甬剧"草花"唯一的守望者。王老板介绍俞志华言语款款，知根知底。他说俞志华自幼生活在鄞州下应，现住高桥。1957年考入宁波甬剧团，是至今健在的宁波滩簧"草花"（丑角）演员唯一人。据《甬剧史话》一书记载：师承甬剧老艺人张德元，又向沈桂椿、黄君卿学艺。他尤其《卖草囤》、《双磨豆腐》、《扒垃圾》等滩簧继承更为突出。

俞志华倡议甬剧剧目要发挥两条腿（清客、草花）走路。在目前少有人编写草花剧目时，语文不高的他，动手创作了浓郁"草花"《婆媳和》、《乡下贵发哥》、《坐错花轿》、《连环案》、《桂珍与桂英》等十余本大戏，而且炮炮打响。有的剧目演出已经超过200余场，经久不息。不仅丰富了甬剧舞台多样化，而他被誉为"草花"专业户。他自编自导自演"婆媳和"中反串婆婆胡阿大，惟妙惟肖的表演赢得宁波城乡观众广泛

俞志华与其学生陶一铭（右）

称赞。二度赴上海兰心大戏院演出，上海甬迷对他唱腔板式流畅、表演精湛、舞台经验之丰富，好评如潮。

也因为他有扎实的"草花"表演技巧，曾被邀请拍摄甬剧第一部电视剧《看错人头》，任男一号曹金义。在1991年省现代戏汇演中获得最高奖榜首。2008年，参加全国民间滩簧汇演"借妻"饰演张古董一角获优秀剧目奖；2012年1月，他的"卖草囤"代表全甬剧界参加"长三角"滩簧汇演荣获"示范奖"。

今天，俞先生虽入耄耋之年，但他的"草花"艺术如日中天。不仅被人认可，而且大有人追捧，请他写剧本的、请他教授的都一个个在预约——王六宝如是说。

## 滩簧如梦

在宁波市文化艺术研究院着手编撰、历时三年的一部"甬剧老艺人抢救性保护工程"中，作为一个体制外的民间甬剧艺人俞志华能力排众议地跻身其间，那是一种荣誉，一种被业界认可的标志，也成为业余甬剧的代表人物而名垂史册了——俞志华实至名归。

俞志华回忆道,他的演戏脉络基本大致是1957年开始学戏,1958年年底剧团精简去乡下读书,被乡下剧团叫去演戏;1960年年初,领导发现他没在读书又给叫回去了。尤其,1960—1962年间,剧团请张德元老师来教滩簧戏,张老师是最好的草花,他对滩簧戏的理解最深;筱彬云老师最丰富,能讲各种方言;柴鸿茂老师堪称"三大草花"。

俞志华对草花的理解,也是颇具特色。他说如果甬剧听了没笑声,就是宁波甬剧传统艺术技巧没掌握。徐秋霞老师讲俞志华他们已经超过老师了,自然这是一种鼓励成分。俞志华五十载演艺经历,包括"文革"前演过的戏:《两兄弟》中的丁有宝,在《姑娘心里不平静》、《金生弟》、《五姑娘》、《亮眼哥》中都有角色。真正演出实践是学乌兰牧骑,虽然辛苦,但是对出戏锻炼。演员都是靠实践练出来的。

张德元老师教过他《卖草囤》最有心得,对这个本子,他仔细地分析不是宁波滩簧,而是苏滩。当时这个戏俞志华专门学了几个月,每天张老师教,沈老师监督,金小玉专门给他配戏,为俞志华演戏创造了条件。现在这个戏可以说是俞志华演得最好的了。筱彬云教过《双磨豆腐》,这是正宗的宁波滩簧。俞志华认为,宁波甬剧起步晚,原因是宁波人在上海素质低的人多,所以改革比较晚,上海本滩、苏滩等改革早,学滩簧的大多文化低或文盲。像黄君卿有文化,王宝云会进行改革,这样的人极少。

今天,俞志华为"滩簧四小戏"传承演出中,他为青年演员排《扒垃圾》,堪称一次时代穿越、一次"再创作"。如今有谁会演,有谁曾看过这几出骨子老戏。俞志华说,原汁原味才是硬道理。若给没有滩簧熏陶的导演来排,那就是一场小话剧加演唱,说不上滩簧老戏的传承魅力。俞志华认为,传承是一个精神返乡的过程。只有解析传统甬剧的遗传基因密码,才能保持甬剧的纯粹,而不是"赝品",也不是失去生命的"转基因"产品而被后人所诟病。原汁原叶,才是传统的基因密码。

而俞志华积数十年的滩簧戏的浸染别有一功,却并没有得到应有的重视与鼓励,那是功利心太重,成为了中国当代戏曲的一个软肋。有人说:若将这些老戏全权由俞志华导演那将是如何一般戏曲盛景,再现百年宁波滩簧往日擅长表演的特长……然而,当权者未尽有识。这也是宁波滩簧传承的遗憾。

离开剧团的俞志华,1970年去水表厂,1980年又去了塑料厂……俞志华对一些甬剧老艺人十分敬仰,像余盛春。他说余盛春是贺显民的学生,也是个怪人,工资半个月就花光了,现在不知去向,嗓音条件不是很好,但表演极丰富,小生戏很好,演《金沙江畔》中金明(部队指导员),动作很漂亮。他在20世纪50年代初到甬剧团,当时剧团主要演员都去上海了,剩下的人坚持下来很不容易。余饰演过的角色有《金生弟》中的金生,《田螺姑娘》中的谢端,《黄鲲》中的黄鲲,《红岩》中的徐鹏飞,《亮眼哥》中的地主儿子王坤生等。他的表演能力很强,后面的人没法比,跟他差距很大。他在"文革"前结束艺术生涯,之前多年装生病,不愿再唱戏了。他是个奇才。

俞志华说起黄再生,那是一种英雄惜英雄。黄再生可以说是甬剧团中刻画人物最好的演员,《红岩》中许云峰演得比赵丹好,《霓虹灯下哨兵》中的指导员、及《两兄弟》和《亮眼哥》中都以演正面人物为主;老生戏也做得很好,如《红珊瑚》中的打更老头就做得很好。他为人大大咧咧,不计较。

还有他的陈白枫老师,当时"文革"中他们的一段情缘颇有意思。陈白枫人非常老实,底子忠厚。他的先生是冯玉奇,是鸳鸯蝴蝶派的,专门写言情小说,他深受影响。当时演戏,导演只讲了个故事大概,叫路头戏,甬剧正宗做剧本戏从《两兄弟》开始。估计在改唱新甬剧时,剧团把陈白枫等请来了,陈白枫会写写单片,但也没什么代表作,后来陆声导演来了,他退居后面。陈白枫没受过高等教育,曾被划为右派。他写过《花开花落》,培养了陈月琴;写过《无花果》,按照墨西哥电影《生的权利》改编。

黄君卿应该是俞志华的半个老师,黄君卿是宁波滩簧里的文化人。贺显民等原来不是唱滩簧的。黄老师年轻时有段时间书看得比较多,在剧团里文化最好,能自己编词,演出风格比较幽默,"淡"不过火,有的人评价说比较大气,与王文斌老师的"急"(有激情)不一样,各有千秋、风情各异。宁波甬剧团老的一班人能互相促进。黄君卿演出主要角色有《亮眼哥》中的丁郎当等,他以演反面角色为主。他嗓子梗,但在台上不梗。在台上他能自己拉胡琴,他懂得乐理,鼓、小锣都打得很好,能自己掌握效果。黄君卿是乐队出身,再转演员的。黄老师是男演员中知道滩簧戏最多的。七十二只小戏中能代表宁波滩簧的其实不多。

沈桂椿也是俞志华学滩簧老戏的老师,他回忆老师说,沈桂椿为人比较古板,但做事很认真。沈桂椿在《家》中演高老太爷演得很好,唯一缺憾是嗓子不对。他演什么角色都很认真。1954年参加华东区汇演以《俩兄弟》一剧中饰演丁有财一角,荣获华东区二等奖而蜚声业界。在五十年代,当时在民乐剧场女的头块牌子是金玉兰,二块是徐秋霞,三块是陈月琴;男的头块牌子是黄君卿,二块是沈桂椿,三块是王文斌。

## 戏曲创作

对甬剧发展俞志华有自己的想法,他说首先要有政府支持。因为甬剧剧目领导要看的,观众不要看,如《乡下贵发哥》比《宁波大哥》在乡下受欢迎。甬剧必须两条腿走路,一条体现都市形象高大上,应付领导;一条是给观众看,应付观众。绝大部分观众要看《守财奴》而不是《宁波大哥》。如果甬剧改革,势必要做观众爱看的戏。

俞志华耿耿于怀的是,关于甬剧韵脚。比如,做诗要有押韵一样。无韵不成诗,也难成戏曲了,不入调了。俞志华是相当有想法,有的剧本写得韵脚都没有,是个问题。如《安娣》:"我遗憾,我可怜……"

俞志华甚至说,宁波甬剧团现在演员没有人了解韵脚。滩簧的特点,就是韵脚不一定上句对下句,但必须前两句到第三句归韵。甬剧一共19个半韵脚。不能光学人家的东西,自己的东西没有传承下来。他说,《典妻》剧本也有问题,主题不对。俞志华更说剧种要搞好,必须有自己的特长,要有个性。

俞志华说得最多的是,写剧本要让老百姓爱看。演员自己要会拗腔,不能只靠作曲,那样的话只有一个风格了。演员不能成为戏曲"流水线"的一个零件,要有自己的特点与特色,那才是戏曲魅力。上海董风甬剧团各演员各有各的唱法,所以大家爱看。

　　他还说现在口白也有问题。今天,剧种要生存,要发挥老年人的作用,"老而有艺",发展有真才实学、有思想的人。要尝试观众喜欢的戏,过去剧团要生存都靠自己,要让观众喜欢,不能光靠政府拨款,唱戏要靠自己的实力。文艺在兴旺,老百姓有钱了,但剧团要自力更生的话,过去的本子要学点,幕表戏也要学学。那是一项事业心,俞志华如是说。

　　俞志华对甬剧改革的趋势与走向,颇有微词并担心甬剧的"转基因"现象,那已没有了原生物的生命元素。像白先勇对于昆曲所做的一切,是有目共睹的。他令冷寂已久的昆曲能在观众尤其是青年观众中形成热潮,成为众多观众的热捧,这与他卓有成效的努力分不开。然而,名过其实,则谤亦随之。在媒体的一片掌声和喝彩声中,也出现了非议甚至激烈的抨击。冷静地想想,他的青春版昆曲在官方话语和运作体系中,得到了超出实际价值水准的衡量,在专业人士间必然会获得某些诟病。可是掌握话语权的人们对此不屑一顾,让青春版昆曲绝缘于良性互动的纠错机制。而听不见不同意见,难以自我修正,这恰恰折射出了症结所在。那么,我们甬剧何尝不是。誓死捍卫戏曲的原汁原味,那才是根本。面对甬剧的风生水起,俞志华却说甬剧已是穷途末路,很是让一些人瞠目结舌。

　　由于体制原因,俞志华担心甬剧的"转基因"并未让人认可。然而,唯物辩证法告诉我们,任何事物都有其两面性。在给甬剧创新带来振兴的同时,他终究也让甬剧的某些基因发生了变异,在繁荣的幻象下构成了封堵。究竟会给甬剧的生态环境造成怎样的影响,恐怕还要过一段时间才能显现。至少,多听听不同的声音,辨明是非曲直,对于谁都没有坏处。俞志华言辞灼灼,心声可闻。

　　甬剧的"转基因",从根本上复兴甬剧,再造一个貌似"原汁原味"的昆曲样本。保有昆曲的原有特色,拒绝任何有损昆曲的"创新和改革"。比如人类赖于生存的粮食,为了提高产量与质量,"转基因"成了一个根本的解决问题的方式。甬剧也是如此,一方面担心戏曲的传承脱档而沉沦戏曲末路,一方面又改观无路,便寄托于戏曲的转基因化。为了观众转基因将传统戏曲这种温婉含蓄的程式之美,在创新版中却被忽略了。旦角可以在屏风一侧一件又一件把衣服扔出来,最后脱成三点式亮相,更是让戏曲入乡随俗,活像是百老汇歌舞。

如果说,白先勇先生主张用精美、漂亮、青春来表现《牡丹亭》中的杜丽娘和柳梦梅,使他们之间挣脱束缚、感动鬼神、超越死亡的爱情,充满青春的魅力和活力,以吸引青年观众。那么,俞志华眼中的甬剧竟一再地力邀外地的大牌主创人员,俞志华却担心戏曲也有"水土不服"现象。甬剧的基因就是宁波民间元素,宁波地方文化要素。民间才是艺术之根,宁波的元素淡化与没落又如何称甬剧。所谓戏曲的转基因就是外来文化对本土文化艺术的侵蚀而出现新甬剧,却给人短暂的繁荣而为人津津乐道。《典妻》就是一个例子,包括结构设置、剧本剪裁、服装舞美、唱腔设计等方面。传统戏剧中,好的主角能遮一戏之百丑,便是这个道理。

俞志华的剧本创作,可谓接地气,那是"学不来"的创作基因。他可以发展风趣幽默戏,但不要乱来,要有正能量。戏曲一开始就以幽默诙谐出名,后来女子越剧出来了,以小生、花旦戏为主了。我们演出的《婆媳和》《乡下贵发哥》《桂金与桂英》《老爹泪》《凤岙王升大》《团圆以后》(现代戏,反毒),及近代戏《上海滩上李家门》《烂冬瓜传奇》(讲赌博的危害)、《坐错花轿》、《连环案》等,以家庭戏为主。有些大场面的东西不适宜大场面演出,也不适合甬剧演出。《婆媳和》很受欢迎,农村欢迎,上海也欢迎,是老滩簧的风格。

俞志华数十年甬剧演绎,堪称半部甬剧史。

## 叫板张帝

张帝,即指张地。近些年,中国山东省阳谷县的张地,因机智地用流行歌曲回答问题而走红屏幕。2009年参加CCTV-3《梦想剧场》之机智歌王模仿秀夺得冠军,张地被机智问答的鼻祖收为关门弟子,成为了机智问答"绝技"的正式接班人。被誉继台北张帝后的一个"小张帝"。

　　用俞志华的话说,张帝无非他套用观众熟悉的歌曲即性地创作观众提问当场演唱。他说,我们过去的绝大部分艺人都有这种本领,而且唱的韵脚之多远超张帝。只是今天的青年演员都没有这方面的本领了。一者他们不懂韵脚,二者他们更没有即性创作的本领了。由于戏曲分工的更细,大家各司其职而导致艺人间各自为政,其艺术的综合性完全沦落了。编剧、作曲、导演、角色各谋其事,缺一不可。而像俞志华那样集编导演于一身的艺人已属凤毛麟角,不可多得。那是戏曲当代化的利还是弊,大家思量。

　　俞志华还分析张帝演唱的韵脚,据他所听过的几段都是同一个"意见":其韵脚还不宽。俞志华信心满满地表示说,自己也算科班出身,我完全可以与他PK一下,唱念做打兼有擅长。表演程式更多样性与舞台历练的长期性都是俞志华的长处。唯一不足,就是他的普通话不及张帝的标准。那么,若有可能俞志华完全可以用他的宁波滩簧来即性表演与演唱观众们的提问,一定成为观众所喜闻乐见的戏曲形式,一种新娱乐。宁波不妨一试,俞志华有能力、有底气担任这一表演形式的始作俑者。如沪语版的周立波清口脱口秀,而宁波有个俞志华的甬滩版。而且俞志华还有男旦与草花的擅长,那是别人无法替代的擅长,令人看好。

　　曾有记者问过张帝:你现在最想见的人是谁? 他戏言说:"我十分想见倪萍大姐,问问这位我尊敬的大姐,所有山寨文化都那么可恨吗?"这句戏言,道出众多民间艺人的苦衷。艺术没有山寨与正版之分,谁影响谁,还真难说。而是应该说,民间艺术是舞台艺术之母,不是吗? 民间艺术是舞台艺术的土壤与环境,离开了民间艺术的滋养,任何艺术都是无本之源、无根之木。

　　张帝也说,就是因为"山寨"的好、"山寨"的像、"山寨"的有特色,才从"山寨"修成了正果。换而言之,如果没有当初的"山寨",就没有今天拜得名师的机会。他更称:对于山寨没文化、没素质,不用过多争论,用事实说话、用实力说话才是硬道理。因为,即使我们曾经"山寨"过,也会赋予"山寨"新的天地。因为民间更有春天!

将娱乐进行到底,那是艺术的目标。比如近日,俞志华在鄞州电视台做羊年新春特别节目上的祝福语就是一种即性而来,而且有韵脚:"祝各位羊年新春快乐、老年人每日吃鱼吃肉坐享清福、男同胞想发财努力工作、女士们打扮像戏、文人穿红着绿,小朋友天天向上好好学习。最后,风调雨顺国泰民安!祝愿我亲爱的祖国!"

主持人往往手头有台词,脱口秀没有一点底气不敢贸然出演,那要露馅,露拙的。脱口而唱,那更是掂量一个演员的表演天分与他的文化积累。

俞志华说,一次脱口唱,就是一部"路头戏",剧情就是观众的提问,演员机智不失幽默地用演唱方式把问题回答出来,有音韵、有唱腔,还有表演与气场,非俞志华莫属。俞志华还说起上海说唱的创始人黄永生,还向俞志华学过甬剧唱腔以丰富他的说唱艺术。当时俞志华教他唱了"基本调"与"荡湖船"二段甬剧唱腔。

黄永生一辈子致力于把"上海说唱"这门艺术发扬光大,先后继承了"潮流滑稽"刘春山、"绕口皇帝"袁一灵的传统说唱,他博采众长,汲取江南农村唱春道情、浦东说书、独脚戏、评弹、相声、地方戏曲、现代歌曲等艺术的营养,并将城隍庙梨膏糖叫卖声等传统说唱在基础上进行改良发展起来,这种上海说唱间加入"噱头"的逗趣表演形式,不仅成为许多"老上海"喜闻乐见的滑稽曲种,而且得到全世界华人的欢迎。1991年,香港市民几乎连续订票,天天包场,盛况空前。1999年,美国唐人街大红灯笼高高挂,一段压轴唱段绕口令美国观众也大感兴趣,美国纽约总商会赠予他"白玉兰"终身成就奖。

其中,黄永生创作的一段诙谐有趣的上海说唱《皮德子与皮革子》,故事说的是一个叫皮德子的人拾到一个皮夹子而展开……黄永生就将他学来的甬剧唱腔融合于他的这部作品中,增添了说唱的表演手法,在传统的说唱曲艺中融入了地方戏曲的元素而更为观众与听众的喜爱与欢迎。

其实,1963年甬剧团在上海国联戏院演出时,黄永生找到甬剧作曲的李微,让他推荐一个甬剧艺人学唱几段甬剧,以丰富说唱艺术的表现力。李微便介绍他认识了俞志华。"文革"后,他们竟在公交车上邂逅,话及甬剧唱腔学习的一段逸事……今天,俞志华不胜嘘唏,黄永生已作古,上海说唱"金陵塔"成了永远的绝唱。

而他的甬剧、他的《婆媳和》也将可能成为绝唱,一并成为地方戏曲与曲艺的一个清流绝唱而载入史册。他说,足矣!

# 附 录

## 新编清装甬剧《凤岙王升大》(全本)

（根据真人真事编撰）

编剧：俞志华
出品：王升大博物馆
时间：光绪年间
人物：王兴儒　　　　男　　　五六十岁　　　简称：王
　　　阿玉　　　　　女　　　二十余岁　　　　　　玉
　　　王阿淼　　　　男　　　三四十岁　　　　　　淼
　　　白阿三　　　　男　　　三十余岁　　　　　　三
　　　陆美兰　　　　女　　　三十岁　　　　　　　陆
　　　上海阿嫂　　　女　　　四十岁　　　　　　　嫂
　　　老妇人　　　　女　　　五十余岁　　　　　　妇
　　　翁大山　　　　男　　　二十余岁　　　　　　翁
　　　小黄岩　　　　男　　　二十余岁　　　　　　小
　　　丁阿二　　　　男　　　二十余岁　　　　　　二
　　　村妇甲　　　　女　　　三十余岁　　　　　　甲
　　　村妇乙　　　　女　　　三十余岁　　　　　　乙
　　　知县　　　　　男　　　四十余岁　　　　　　县
　　　衙役　　　　　村民若干人

## 第一幕

时间：光绪年间,某天的傍晚。

地点：浙江鄞西,青垫王家的河边。

合唱：四明溪水潺潺流,

　　　好人好事代代传,

　　　光绪年间鄞西地,

　　　有一个乐善好施王兴儒。

　　　（大幕在王兴儒唱渔歌中徐徐开……）

王：（唱）西边夕阳下山头,

　　　东林百鸟齐飞回,

　　　我赶鸬鹚上了船,

　　　明早集市去卖鱼。

（王拿鱼箩上岸,县衙门的白阿三上）

三：王鸬鹚你好,鸬鹚捕鱼又满载而归了。

王：嗯,今天你又到这里来巡查了。

三：是啊！你们这一带归我管呢。咋话？好点鱼弄两条来？

王：对勿起,我只卖不送的。（回头去系船绳）

三：呸！小气鬼。（另一旁王阿森陪同怀抱婴儿的老妇上）王阿森,这老太婆是啥人？

森：你问得正好,她是黄岩人,媳妇死在凉亭里,你是鄞县衙门的班头,你看咋处理？

三：这,这死人的事情,近来阿拉衙门不管的。（下）

森：吃白俸白粮的货色。兴儒叔！

王：阿森,啥事体？

森：想请你帮帮忙,再舍一口棺材。

王：咋回事？

森：老阿嫂,你讲吧。

妇：公公。

　　（唱）苦命人,原籍黄岩小山坳,

　　　上几天,流离转徙到凤岙。

　　　只因为,家乡连年遭灾荒,

　　　我儿子,投奔宁波长工招,

谁知晓,抛儿别妻未几天,
却不料,山火顺风村庄烧,
没奈何,长途跋涉寻亲人,
我媳妇,左扶老啊右抱小,
几月来,踏遍四方难找到,
媳妇她,风餐露宿一命夭,
异乡人,身无分文难入殓。
破凉亭,呼天喊地哭号啕。
幸亏得,患难之中遇大哥,
陪我来,求你公公行行好,
公公啊！买口薄材媳安葬,
待来生,成牛作马恩也报,
从此后,每逢年年除夕夜,
老太婆,跪您家门到天晓。(跪地)

王:(唱)阿嫂,请起身,莫悲伤,
你有难,理该帮。
但废除,年夜跪拜老一套,
你与我,人格平等无低高,
回头唤阿淼。
快将堂兄堂弟叫,
阿大阿二买棺枋,
阿三阿四坟地掏。
明天五更东方白,
大家一起送山腰,
你在前头铜锣敲,
我在后面放鞭炮。
告诉几个帮忙人,
多少工钿我汇钞,
再叫黄岩老阿嫂,
千万别烦恼,

现在儿子无着落,
你与孙子无依靠,
我给你,一间小屋五分地,
种蔬菜,买卖好不好,
但等那,有朝一天儿找到,
何去何从再商讨。

妇:多谢公公。

王:好角谢的,走!

嫂:(怒气冲冲上)鸬鹚公公,凤岙这爿算啥米店?

王:上海阿嫂,陆福财害你生啥气?

嫂:喏,阿拉从上海到乡下逃难,为过日脚,老公只好挑担卖蛋。卖到太阳落山,赚来一个铜板,好让我籴米煮饭。急忙奔到凤岙想勿到米店已关,我好话讲了一白篮,口水讲出二酒盏,该死的里面米店老板娘陆美兰,她有意刁难,说道是啥人叫你来得介晚,要籴米明天早上早眼。气得我本想踢开其排门板,又忖忖她有大靠山,相好衙门人阿三白眼。只得立在门口骂一番,我说道,米店招牌陆福财,明朝改名落棺材。

王:上海阿嫂莫生气,夜饭米,我家里去背。走!

嫂:这还有啥话。唉!坏人有介坏,好人有介好。(突然想到)公公!
(唱)你年纪已经五十几,
河江里,鸬鹚捕鱼太辛艰,
再说道,青垫无人卖粮米,
倒不如,开爿米店度晚年。

王:啊!叫我改行?

淼:兴儒叔改行好的。
(唱)这一带,好多人家不种田,
而且是,鳏寡孤独爷赚钱,
可怜啊!为籴一升半升米,
到凤岙,日日看只米店老板泠丫脸。

王:改行卖米可考虑,

可让乡亲图方便,

　　但不过,凡事开头难,

　　顶起码,米店招牌取啥西?

嫂:(唱)公公啊!你的名字王兴儒,

　　　　招牌就取王兴记。

王:哈哈,

　　(唱)王兴记,王兴记。

　　　　准定改行卖大米。

(在欢笑中灯暗)


## 第二幕

时间:两年后的一天晚上

地点:凤夼,王家客厅

合唱:二年前,嬉言一句改了行,

　　　放弃鸬鹚卖稻米,

　　　别人挣钱为自己。

　　　唯有他,赚头助人心神怡,

　　(幕起,远处传来梆打二更,媳妇阿玉,灯下手缝衣,脚摇摇篮)

玉:(唱)二更敲,夜蒙蒙,

　　　唯有宝宝入梦乡,

　　　米店从青垫搬凤夼,

　　　比二年之前更繁忙,

　　　公公账房在盘账,

　　　婆婆她不顾体弱筛米糠,

　　　丈夫进谷翻粮仓,

　　　伙计们,捣米奢谷扬风箱,

　　　人人虽辛苦,

　　　个个心舒畅。

　　　烛光下,飞针走线缝长衫,

　　　　　让公公,换上一新老板装。
王:(仍穿旧装上)阿玉,其其睡熟了,
玉:嗯,他刚才还吵着要爷爷呢?
王:(高兴地瞧一下孙儿)真可爱呀!
玉:公公长衫完工了,试一试好吗?
王:试啥,一没过年,二没做客。穿啥长衫。
玉:公公,不比在青垫,凤岙街上哪一家店老板不穿长衫的。
王:人家穿长衫,喜欢买主叫他老板,我穿短衫,为的是买主别叫我老板。
玉:您呀,(无奈地收摺)
王:阿玉,
　　(唱)你是家里内当家,
　　　　柴米油盐你安排,
　　　　紧一紧,每天能节几个小铜钱,
　　　　松一松,每月多要几个银元花,
　　　　但不过,对待伙计前往样,
　　　　只是对我家人克。
　　　　常言道,自己多吃丢茅坑,
　　　　别人多吃有道谢。
　　　　古人讲,积沙可成塔,
　　　　省下铜钿用场派,
　　　　你不知,多少人夏天床上无蚊帐,
　　　　你不知,多少人冬天脚上无双鞋,
玉:(唱)公公吩咐已记下,
　　　　望家人宿衣节食莫责怪。
　　　(婴儿其其醒,啼哭)
王:(抱孙)来来爷爷抱。哈哈!
　　　　再补充,网开一面小娃娃,
　　　　他要买啥就买啥。
淼:(押被绑的翁大山上)走!贼捉牢了!贼捉牢了!老板。

王：老啥板,跟你讲了几次了,你虽然是我店里的伙计,但仍然是我族里侄子辈。咋回事体。

淼：兴儒叔,
你派阿拉巡夜防偷防烟火,
发现了,帐房间影绰绰有鬼魔,
忙叫长根长华弟与哥,
压低声音速停步。
对着门缝看清楚,
这贼胚,撬开抽屉银元数,
也勿少,也勿多,
一元一元共六个,
人证赃证都具备,
兴儒叔,快快将他送官府。

（银元交王,王放桌上）

王：阿淼,快快松绑。

淼：为啥给他松绑?

王：他是我亲戚。

淼、玉：（毫无头绪）啥亲戚?

王：这,哦,是我阿姨的孙子。

玉：公公,阿拉有这门亲眷,没听你讲过呢,

王：嗯,我没讲起过亲眷多着呢。

淼：（替翁松绑）对勿起,对勿起。

玉：公公,这位亲眷住在啥地方?

王：他,他住大雷。

翁：不,我住翁岩。

王：对,对,因为阿姨娘家在大雷,姨丈住翁岩,你当然住翁岩了。

玉：这样派来,还是我家的表叔,（行礼）见过表叔。

翁：（不知所措）这……

王：喂,阿侄啊,向表嫂还礼啊!

翁：（尴尬地）还礼,还礼。

森：兄弟,你为啥夜半三更到账房间去,勿到客厅来。

王：因为白天我跟他讲过,要铜钿账房间自己去拿。

森：兄弟,误会误会,我去了,再说一声,对不起。(下)

玉：公公,你陪陪表叔,我去烧点心。(下)

王：后生,

（唱）刚才怕你难下台,
　　　故而冒充亲戚攀。
　　　目前四周无旁人,
　　　实话实说放大胆,
　　　为什么,单单只拿六元银,
　　　不必顾忌跟我谈。

翁：大伯,

（唱）我确确实实住翁岩,
　　　小人姓翁名大山。
　　　我本来,帮人深山烧木炭,
　　　恨老板,待我刻薄无钱赚。
　　　正是那,厄运偏跟穷人走,
　　　回到家,又逢妻子得难产。
　　　幸亏得,邻居帮忙请郎中,
　　　母子俩,化险为夷生命挽。
　　　医药费用共三元,
　　　家徒四壁难负担,
　　　无奈借了印子钿,
　　　利上盘利日日翻,
　　　到明日,总共债务已六元,
　　　债主催讨心头烦。
　　　无思量,只得你家来偷窃,
　　　打算那,赚到铜钿悄悄还。
　　　一足失成千古恨,
　　　望大伯,宽宏饶恕我初犯。

王：（唱）这叫做，一钿难到英雄汉，

　　　　生活所逼律规犯。

　　　　我看你为人诚实不虚假，

　　　　每句言语从心坎。

　　　　你的处境我同情，

　　　　有责帮你渡难关，

　　　　摸摸身边也有二元银，

　　　　总共八元勿用还。

　　　　六元去还印子钿，

　　　　剩余的，给产妇买些甜和咸。

　　　　后生啊！时候不早已很晚，

　　　　你可知，老婆焦急倚门盼。

翁：（唱）感谢您，大福大量大恩人，

　　　　翁大山，永生永世永记怀。（下）

玉：点心来了，公公，表叔呢？

王：（玩笑地）表叔？表叔走了。

玉：那这一碗点心白烧了。

王：就给我表叔的表叔吃。哈哈……

　　（灯暗）


## 第三幕

时间：若干天后

地点：凤岙街里，斜对王兴记米店的陆福财米店门口

合唱：世上好人实难做，

　　　　难防恶人妒忌多，

　　　　你为乡梓行善事。

　　　　他射暗箭栽灾祸。

　　（幕起，甲乙两村民从王兴记籴米高兴地上，被陆美兰拦住）

陆：你两位本来是我店里的常客，现在为啥欢喜多跑几步路到王兴记

去籴米了?

甲:(不好意思地)嘻嘻,讲讲难为情,大家都讲王兴记籴来米比奈多。

乙:据说兴儒公公关照伙计过,升子上面的米,米尺量过去要多留一角,让买主多吃二口。

陆:哎呀,你们上当了,王兴记米升比阿拉小,量米多留一角是欺骗买主的遮眼法。

甲:这你乱讲了,秦始皇早就统一了度量衡,像王兴记介硬人家,咋会得升子小呢?

乙:老板娘,你如果有兴趣的话,阿拉籴来的米,你升子量量看。

陆:(尴尬地)嘻嘻……不用,不用了。

(各自下,上海阿嫂从王兴记籴米上,朝陆家店白了一眼)

嫂:(自言自语)陆福财,落棺材!忖忖她过去勿肯籴米给我,忖忖气恼糟,骂她几句,(放下米袋)呸,王兴记籴米啦,和和气气啦,有些人籴米啦,铁板丫脸啦,王兴记籴米啦!满进溢出啦!有些人籴米啦!分量不足啦,王兴记穷人去籴米,米袋没带,帮助人家,袖子管盛米,麻绳扎扎,有些人穷人去籴米,米袋没带,死蟹一只,无没办法。眼睛白白。王兴记米店越开越大,名气行到宁波。有些人米店越开越小,急得蚀本上吊。有些人啦……(过路人停下看热闹)

陆:(气冲冲上)喂!米籴升,水拎瓶的上海瘪三,发啥神经?

嫂:我神经还是你神经?

陆:你泼妇骂街!

嫂:我泼妇还是你泼妇?

陆:你泼妇!

嫂:(哼上海紫竹调的腔调)你是自骂自罪过,阿爹阿娘塞狗粪,狗叫耳朵聋,当你风吹过,风呀风吹过。(旁人发笑)陆福财米店蚀本了,要关门了!

陆:呸!

(唱)告诉你老娘多得是本钿,
　　　买主死光也蚀得起,
　　　我问你,王兴记与你啥关系,

广告做到我面前,

照派派,非亲又非故,

莫不是,你跟老头有来起。

嫂:呕!

(唱)贼喊捉贼勿要脸,

勿像你,腊鸭弄出来生得贱,

王家公公金字招牌拷勿倒,

再加上,你太婆清清水白白米,

你自己,一副大饼油条好打倒,

凤呑满街臭冲天。

陆:(唱)竟敢泼我肮脏水,

老娘括你丫麻皮。

嫂:你太婆,二只肩格一只头,

直吞横吞随你便。

陆:(穷凶极恶)介坏人,阿娘拜你死。(跪地拜)

嫂:你拜好了,小黄狗拜月亮,越拜越风凉。

王:(上)

(唱)上海阿嫂过去事情不必提,

乡邻们底头不见抬头见,

陆大姐经营买卖非容易,

粜米籴米应和气。

嫂:今朝看在公公面上,我让你。(与围观众下,王也欲下)

陆:(拍手拍脚)断命瘟老头,拿出铜钿养恶狗!

王:(回转身)你误会了,上海阿嫂跟我不搭界的。

陆:你自己心里明白,上海人头发皱皱,花头透透,迷魂汤专灌寿头老头。

王:你讲出这话失资格了。唉!(下)

陆:嘿!莫忖阿娘今天吃败仗,与我斗人没好下场!

三:(嬉皮笑脸上)美兰表妹!

陆:叫你介寻死!

三：啥事情又害你生气了？

陆：人家粪拉到我头顶来了。

三：啥人吃了豹子胆,敢在我太岁头上动土,讲！

陆：表哥啊！

（唱）就是那对街米店王兴记,

气得我,五脏六腑会气炸。

王兴儒做出行为凶又霸,

雇佣了,上海女人上门骂,

骂我美兰到还罢,

骂得你三哥恶毒罪难赦。

她骂你,是只狗又像马,

在衙门,随人骑随人跨。

还骂我,二只眼睛墨墨瞎,

姘头轧你没颜色。

三：兰妹妹,

（唱）不要哭了,不要哭了

（陆越哭越伤心）

三：（唱）兰妹不要眼泪流,

哭得三哥愁悠悠。

区区一个上海女,

派人打她喊命救。

陆：（唱）表哥啊！冤有头债有主,

罪魁祸首王兴儒。

他不该,米店开到凤岙来,

害得我,生意打败面子丢。

他门口,买主籴米排长队,

铜钿多得用畚斗。

我门口,不见一个吊死鬼,

蚀本蚀得要跳楼。

你衙门班头有权势,

将老头,捉进牢监当死囚。

三:(唱)你不知,调来一个新知县,

　　　　不像从前那姓周,

　　　　营私舞弊要追究,

　　　　办案慎重讲证据。

　　　　倘然听你瞎胡闹,

　　　　我这人,六斤四两也难留。

陆:(唱)你前怕虎后怕狼,

　　　　吓得来不敢运用手中权。

　　　　天啊天,本以为与人相好有靠投,

　　　　想勿到,不顾惜我的小胆鬼。

　　　　娘啊娘,只生女儿容貌如仙女,

　　　　不生我,二只明亮眼乌珠。

　　(越哭越伤心)天啊！娘啊！

三:表妹,不要哭了,

陆:你这个没良心的。

三:好好好,我给你报仇出气。

陆:如何办法呢?

三:有道是明枪好防,暗箭难防。阿拉就来暗的。让我慢慢想办法。

陆:(破涕为笑)哎,这还像话呢。

三:那今天夜里我……

陆:今夜勿可以,他马上要回来了,明天一早他又要走的,现在你快回去。

三:那么明早他前脚动身,我后脚就到。

陆:死鬼。

　　(灯暗。鸡叫,梆打五更)

　　(灯光微亮)

陆:(手拿油漆、刷帚,鬼鬼祟祟上)

　　(唱)翻来覆去困勿熟,

　　　　气得我,睡在床上只会哭。

我米店招牌陆福财，
　　　辱骂落棺材介克毒。
　　　五更起来去报复，
　　　王兴记三字油漆刷。（下）
妇：（挑菜上）
　　（唱）天将亮，行人稀，
　　　趁早摆摊卖菜起，
　　　多亏得，王家公公鼎力助，
　　　祖孙二人得生计，
　　　难忘那，舍材葬儿媳，
　　　又安排，居住小屋和菜地。
　　啊哟，我还以为来得早，却原来还有比我起得早的人，而且还在帮王家公公的米店漆招牌，公公啊公公，你人好，没有白白好，人家暗地里在报答你呢。
陆：（沾沾自喜上）终于被我涂好了，晦气我一块手帕被染过。（随意抛在地上）
妇：嘻嘻，你人真好。
陆：哼，七嫖八嫖莫嫖了。
妇：咦！这人咋啦？（发觉手帕，拾起欲想还给她）喂……还是不叫好，否则又要触霉头了。唉！（下）
　　（灯暗）
　　　　　（灯渐亮）
淼：（从埠头方向上）兴儒叔！兴儒叔！快开船了。
王：（上）一切都准备好了。
淼：准备好了。
王：准备点啥？
淼：（唱）阿叔你外出去收谷，
　　　船上样样备舒服。
　　　竹箩麻袋各归各，
　　　大秤到梢三百六。

## 附　录　147

　　　　家货派好再派吃,
　　　　一只缸灶一口镬。
　　　　早米晚米各五升,
　　　　随你吃饭还是粥。
　　　　咸齑咸鱼咸蚶酱,
　　　　再加半甑利市肉。
　　　　郭滋生双鱼补酒也备足,
　　　　过酒花生自己剥。

玉：(上)公公！算盘！算盘！

王：哈哈！

　　(唱)原来阿淼闲活络,
　　　　要紧家生会错落。

淼：这……

王：你们回去吧,船上有长根长华俩兄弟呢。

　　(玉,淼,下时发现招牌被涂)

淼：兴儒叔,不好了,招牌被人涂改了！

王：涂改啥？

玉：王字加上一反犬,记字改成大字,变成狂兴大了。

　　(嫂等赶市人陆续上)

嫂：王兴记改成狂兴大,这是侮辱,这是下作。

众：嗯,下作极了！

淼：这啥人会改呢？

嫂：菩萨也勿用问,一定又是这十三点陆美兰。

王：上海阿嫂,没证据别讲。

众：公公,可能是她。

嫂：(朝陆大骂)改人家招牌的人,肉壮一块了？有本事明上,有本事死出来讲！

陆：(气冲冲上)摆着和尚骂贼秃,上海瘪三当心吃巴掌。

　　(妞挑着菜上)

嫂：有本事动动奈太婆一根毫毛！

甲：如果这招牌你没涂过，要你承啥头？

乙：招牌给人家从新做一块，挂上起放三个炮仗消消气。

陆：放屁。捉贼捉赃，捉奸捉双，证据有吗？

嫂：反正你拜惯了，如果不是你涂，跪在地上拜拜看？

陆：拜就拜。（欲跪拜）

妇：不用拜了，何必要自拜自？

陆：你？

王：大嫂，咋回事体？

妇：喏，

（唱）我挑菜卖葱赶早市，

看见了公公门口有影子，

还以为他漆招牌做好事，

却原来，恶作剧的烂浮尸。

这手帕，是你丢弃是不是？

若要赖，拖你公堂打官司。

（众起哄：还有啥话好讲？招牌赔好！）

（陆坐地号啕大哭，众耻笑）

陆：侬与王兴记啥关系，介多人吃牢我……

三：（上）啥事体？啥事体？

甲：去问你的表妹，哼！

乙：涂改人家招牌，呸！

三：坐地上像啥样子。

陆：（起来）表哥，我冤枉！冤枉！

陆：快进屋去了。

（陆哭着下）

嫂：呸！牌头扯过河，随便啥事体都会做。

王：各位，你们也去忙吧！

三：乡亲们，你们放心，相信我吃衙门饭人会秉公执法的。

甲：别唱高调了。

乙：阿拉走。（众纷纷下，王，玉，淼也欲下）

三：王老板留步。

王：还有啥事体？

三：本人奉县衙门之命，收买一批军粮，不知你意想如何？

王：笑话了。

（唱）陆福财与你是亲戚，

这生意挑我做勿确切。

本应该和睦相处同行业，

冤家宜解不宜结。

三：（唱）你不知，本人为了保身明哲，

你知道，军粮追求高品质。

陆福财，粗制又滥造，

与你王兴记难匹敌。

再说那，军务大事非儿戏，

若不买，上司曲解有罪孽。

王：（唱）不过你，替我向她代解释，

要不然，宁可勿做这一笔。

你买啥米量多少？

提货安排那一日？

三：（唱）早米晚米各廿石，

明天提取时间急。

王：（唱）这单货送到何方地？

价格定下凭据立。

三：（唱）只要送到河埠头，

我会派船岸边接。

米价根据行情走，

不会拖欠当场结。

王：一言为定，明天提货，当场结账。

三：明天提货，当场结清。

王：阿玉，阿淼，军粮重似泰山，我要亲自把关，这次外出买谷就叫儿子阿林去好了。阿玉，你替丈夫去拿几套衣服，让他马上动身。

玉,淼：好。（同下）

陆：（窥探上）你向他买四十石米是真的吗？

三：当然是真的。

陆：你吃里爬外，从今后莫来寻着我了。

三：哎？女人乖，瓦爿滩，这是我暗藏的机关。

陆：啥机关。

三：我跟你讲……（耳语）

陆：嘻嘻，人家一箭双雕，你一箭三雕。

三：（得意忘形）没这本事，咋能在衙门里混饭吃。

陆：表哥你确实厉害，一让王老头四十石米泡汤，二为我出气解烦恼，三你有一笔白白外快好捞。

三：哈哈，你真聪明。

陆：嘻嘻，

　　（唱）想勿到，表哥会得念符咒，
　　　　　王兴儒，被你愿心应许团团转。
　　　　　王兴记，顷刻之间要倒灶，
　　　　　就是那，观音菩萨也难救。
　　　　　谁叫他，出奇制胜米升大，
　　　　　谁叫他，涂改招牌出我丑。

三：那么今天晚上？

陆：今天晚上有奖励，我把寿头关出，把你死鬼关进。

三：嗯，这还像句闲话了。哈哈哈……

　　（灯暗）

　　（字幕打：又一天）

合唱：王兴记伙计个个勇，
　　　米扛二石不觉重，
　　　争先恐后步如风，
　　　倾全力，四十石米背完工。

　　（灯亮，阿三背朝外，面向埠头）

淼：（上）四十袋米齐了，你去点一点。

三：不用了，王兴记是信得过的店家。

淼：那我去告诉老板。（下）

三：哈哈，

（唱）王老头啊王老头，

你真心实意做生意，

我假仁假义把人骗，

骗得你哑子吃黄连，

水中捞月力白费。

王：（上）阿三，这些米你去验收过吗？

三：没问题，我说话算数的。

王：那就根据这张码单结账了？

三：结啥帐？

王：就是四十石米的铜钿。

三：（假装）啊？捐献军粮也要铜钿，王老板，

（唱）个个讲你大好人，

几十里方圆有名声，

有田有地有米店，

捐点军粮不要紧。

王：（唱）戏弄过头像耍笑，

你有身份讲信用。

是你讲，大米送到河埠头。

当场货款可结清。

三：（唱）对你讲，四十石米一根葱，

百把块钱介起劲，

米去慰劳守备军，

你譬如修桥铺路造凉亭。

王：（唱）东南西北各不同，

春夏秋冬需分清，

修桥铺路造凉亭，

为众人，点点滴滴出内心，

人知晓,军粮军需有军饷,
想掠取民脂民膏惹民恨。

三:(唱)出言吐语太难听,
当我阿三什么人?
本人吃的衙门饭,
讨债的,凤岙算你第一人。
这批粮款偏不付,
难道你三头六臂有本领。
顺我者昌逆我亡,
有权捉你牢监进!

王:(唱)莫当我三岁小儿童,
恐吓对我无作用。
狐借虎威打抽风,
瞎子点蜡白费心。
皇子犯法庶民同,
我不怕官司打到北京城!
倘然你阿三不相信,
头道官司县衙门。

三:这一句笑话何必作真。

王:难道你是笑话?

三:笑话,笑话。王老板,本人人格担保,三天付清。

王:我就等你三天。(下)

陆:(上)表哥你一箭三雕射不着,反而捉鸡不着蚀把米了。

三:嘿。无毒不丈夫,量小非君子。

陆:你还有办法?

三:我叫他小洞不补,大洞叫苦。(三沉思,小黄岩上)

小:三哥,李小熊叫我来问你,船可以开了吗?

三:慢。再等一会。
(唱)表妹你,去备麻袋四十只,
麻袋上,王兴记三字都写全。

附　录　153

　　　　小黄岩,你去通知小兄弟,
　　　　一路上办些沙子细石头。
　　　　船到塘河无人处,
　　　　众位兄弟齐动手,
　　　　调米袋,掺沙石,
　　　　搞他个人不觉来鬼不知。

小：晓得。(下)

三：小黄岩!

小：(回身)有何吩咐?

三：三哥待你如何?

小：赛过亲生阿爸,恩重似山。

三：恩在哪里?

小：三哥,

　　(唱)当初我从家乡黄岩到宁波,
　　　　没生活,像饿瘪臭虫要断命,
　　　　无法想,只得讨饭回家门,
　　　　却不料,家中已被大水余。
　　　　只得重回宁波混,
　　　　小偷小摸衙狱进。
　　　　多亏三哥生好心,
　　　　免除我四十大板一夹棍。
　　　　放出来,帮我认识李小熊,
　　　　日扒夜盗过得稳。
　　　　上交多少你勿论,
　　　　三哥是个大好人。

三：(唱)小黄岩,你有本性,
　　　　吃饭没忘我种田人。

小：三哥,你有啥事体一句话儿,哪怕上刀山下火海。

三：三哥叫你去办一桩事体。

小：讲。

三：过来。(耳语)

小：咋话?叫我到王家去偷小人?

三：嗯。

小：(唱)偷小人,害凛凛。
　　　　倘然露底罪不轻。
　　　　再说道,王兴记对我无仇恨,
　　　　无故作孽天报应。

三：(唱)大脚不要装小脚,
　　　　强盗何必扮书生。
　　　　你若不听我的话,
　　　　打断双脚割脚筋!

小：这……三哥,不行啊,王家人已在河埠头认识我了。都晓得我是小黄岩啊。

三：这个,(思考一下)我是有办法。

小：啥办法?

三：乔装改扮。

小：扮啥?

三：根据你阿娘给你生的这只丫脸只能扮老太婆。

小：咋活,随便什么都好扮,却叫我扮老太婆?

三：闲话少说,进去!

小：(无奈地)晓得。(下)

陆：(上)嘻嘻,表哥,你人脑筋好过好足了。

三：你都听见了?

陆：嗯。

三：这叫一不做二不休。

陆：表哥,如果两件事情都成功,你这人天不打死,屁也要弹死了。

三：哈哈。

陆：嘻嘻。

　　(幕下)

## 第四幕

地点：王家客厅

时间：第二天

(幕启，小孩其其在摇篮里啼哭)

王：(急急上，抱起孙子)囡囡宝，别哭，别哭，爷爷来了。

　(唱)囡囡宝，不要哭不要闹，

　　　爷爷钟意囡囡抱。

　　　囡囡宝，你要啥人抱？

　　　我要奶奶抱，

　　　奶奶损腰弯不倒，

　　　躺在床上起不了。

　　　囡囡宝，你要啥人抱？

　　　我要爸爸抱，

　　　爸爸收谷在余姚，

　　　三天五天回不了。

　　　囡囡宝，你要啥人抱，

　　　我要妈妈抱，

　　　妈妈送米去敬老。

　　　挨家挨户正在跑。

　　　囡囡宝，你要啥人抱？

　　　我要爷爷抱，

　　　这个就对了，

　　　爷爷喜欢好宝宝，

　　　抱在怀里唱小调。

　　　哈哈，睏熟了，睏熟了。

玉：(上)公公。

王：回来了？

玉：回来了，其其吵过吗？

王：哈哈，只要我一抱，他就不吵了，你看睏得多熟啊。

玉：(接过儿子)让他摇篮里睏吧。(放到摇篮)婆婆药吃了吗？

王：我给他吃好了。你米都送好了？

玉：都送完了。

王：他们都好吗？

玉：这几户人家都勿大好。唉！

(唱)再过几天要过年，
　　这几个鳏寡老人实可怜，
　　寒潮阵阵难出门，
　　锅上无米已断烟。
　　您差我每户送去一斗米，
　　雪中送炭合时机。
　　首先送给张婆婆，
　　老人家愁眉锁眼喜开颜。
　　他说道，绝路逢生受救济。
　　尤其哑巴阿多姑，
　　残疾人，不声不响落眼泪。
　　公公啊，善举对我教育深。
　　从今后，贫苦乡邻常惦记。

王：(唱)阿玉啊，我对乡邻关心少，
　　定有延误存偏面。
　　我决定，腊月廿六那一天，
　　就在店前施舍米。
　　每人顺次发一斗，
　　让大家欢欢喜喜过新年。

玉：哦，这太好了。

王：好是好，只是这样下去，你们下代的家产给我老头花光了。

玉：公公，你不是讲过，积德给儿孙，比积财给儿孙更有意义。而且儿孙有手有脚，自己会努力的，公公你就去花吧。

王：(高兴地)你是像我王家的媳妇。

玉：公公，我差一点忘了，刚才碰到石匠师傅，他说去集仕港的一座凉亭和青垫在修一条桥，过年之前完工。

王：嗯，这是催我要付壹千捌佰元的洋钿了，唉，还差三佰元咋办呢？

玉：公公，你别发愁，明天抽空，我到大雷去一趟，爹爹妈妈地方去拿三佰元就是了。

王：那么你就跟我亲家说一声，明年我一定还上。

玉：这还啥，你修桥铺路造凉亭为的是乡亲，爹爹妈妈也理该资助嘛。

王：哈哈哈，有借有还，再借不难。

玉：爹爹妈妈肯定不要您还的。

淼：（上）兴儒叔，一个人要找你。

王：啥人？

淼：是一个女人，她说来王兴记帮工要不要？

王：这人咋样子？

淼：喏。

　　（唱）这女人，详细情况我不了解

　　　　　勿嫩勿老一大娘。

　　　　　大又大，长又长。

　　　　　看看生得蛮粗壮。

　　　　　但不过，女人有点男人相，

　　　　　讲话喉咙吭吭响。

　　　　　一双手，像蒲扇。

　　　　　一双脚，毛估估有九寸外。

　　　　　是否叫她走进来，

　　　　　对面锣鼓对面敲。

王：（唱）阿玉啊，现在年关到，

　　　　全家实在忙。

　　　　老太婆，要紧关头病在床，

　　　　苦得你，奔里奔外像打仗。

　　　　阿淼啊，叫她快进来。

　　　　双方大家共商量。

淼：晓得。(下)

王：阿玉,等回你看看这人合适否?

玉：公公说好,我自然是好。

　　(淼陪乔装成穷妇人的小黄岩上)

淼：见过老板,见过小老板娘。

王：请坐。

玉：(端凳)大妈,请坐。

小：啊?奈王家老板人家,下等人也可以坐?

王：哎,人格是平等的,人咋可以分上等下等呢?

淼：大嫂,只管坐。王家老板跟其他老板是不一样的。

小：谢谢,那我就坐了。(坐下)

淼：兴儒叔,我到店里去了。

王：你去吧。(淼下)大嫂,

　　(唱)来到我家别拘束,
　　　　想立立,想坐坐。
　　　　你的家乡在哪里?
　　　　外出帮工何缘故?

小：老板啊,

　　(唱)老太婆名字张阿娥,
　　　　娘家唤我叫阿多。
　　　　家住黄岩从小苦,
　　　　三餐薄粥喝点卤。
　　　　穷得俩娘拼条裤,
　　　　十多岁还出屁股。
　　　　十六上头嫁丈夫,
　　　　神经兮兮脑糊涂。
　　　　上个月白痴老公见阎罗,
　　　　留下我精光滑脱人一个。
　　　　为了活命日脚过,
　　　　打着包裹到宁波,

　　　　宁波人叫做"阿姆",

　　　　黄岩人叫做"阿婆"。

　　　　若问我,啥个生活顶会做,

　　　　最拿手,抱抱小人拐摇箩。

　　　　倘然是,你家不肯收留我。(装哭)

　　　　四处讨饭肚皮饿。

王：(唱)老阿嫂,请放心别难过,

　　　　我家里正需要你帮助。

　　　　小孙子,拜托你多照顾,

　　　　尤可比,外甥来了亲外婆。

　　　　每到月底发工资,

　　　　日子一天不会拖。

玉：(唱)从今后,亲如一家人,

　　　　千万别分你与我。

　　　　一日三餐同桌吃,

　　　　莫厌好坏荤与素。

　　　　四季衣衫一般同,

　　　　莫论细软与粗布。

　　　　有朝一日年纪大,

　　　　与婆婆,同享天伦晚年度。

小：(旁白)咋有介好人家,介好人。

森：(上)兴儒叔,宁波江东与江北二家米行来订购阿拉王兴记的米,在店堂等你去谈价钿。

王：大嫂,你坐一会。我去了。(与森同下)

玉：大妈,你放心地在我家好了,现在我要给婆婆喂粥,小孩就请你照顾了。

小：放心放心,(玉下)哎,你托我相信,勿晓得我要弄你干净。(小孩醒啼哭)嗳,嗳(抱上小孩)莫哭莫哭,叔叔抱,不,嬷嬷抱。嬷嬷抱,小毛毛啊,你越哭,我心越烦乱。唉!

　　(唱)本来我扮进你家忖发财,

　　　　现在是模棱两可心不安。
　　　　王家门,上下当我是好人,
　　　　却不知,无常派来吊死鬼。
　　　　倘然把你毛毛偷,
　　　　害你家,鸡犬不宁,祸临头。
　　　　倘然不将毛毛偷,
　　　　阿三他废除我双腿。
　　　　左也难,右也难,
　　　　小毛毛,你只得听天由命跟我走。
　　(留下一张绑票,抱其其下)

玉:(上)
　　(唱)安顿了婆婆急急回,
　　　　端上米糊宝宝喂。
　　　　大妈不知何处去,
　　　　我到摇篮抱小孩。
　　(发现绑票,拿起看)"王兴儒,你的孙子已被绑走,限你两天内独自一人拿五仟大洋到丁家山毛竹蓬赎取,若惊动官府,后果自负!"
　　天呀!

合唱:瞬时阿玉浑身抖,
　　　头晕目眩双脚软。
　　　似梦非梦乱方寸,
　　　魂飞魄消如魔勾。
　　　公公!公公!

王:(急上)发生了啥事情?
玉:你看(递绑票)
王:(接票看了一番)这……
玉:公公!
　　(唱)为什么行善之家遭厄运?
　　　　为什么积德之人子孙毁?
　　　　莫非老天瞎了眼,

　　　　　无缘无故降下罪。
　　　　　公公啊,宝宝是我心头肉,
　　　　　拼死也把儿找回!

王:慢!
　　(唱)莫激动,别莽撞,
　　　　　可知我,内心深处毒火炙。
　　　　　绑匪事先有预谋,
　　　　　专程冲着我老头。
　　　　　其其王家肉宝贝,
　　　　　丁家山,就是刀山由我走!

玉:公公!
　　(灯暗)


## 幕外

地点:凤岙街里

时间:接上场

陆:(上往王家张望)小黄岩咋还没出来?

三:你多张别张了。常言道只有自来人,没有望来人

陆:表哥,实在劫财神这生意比我开米店好赚,不费吹灰之力,伍仟只大洋就好到手了。

三:(高兴地)嘿嘿嘿。

陆:表哥,我忖你一个月做其三票,一年十二个月就是三十六票,每票乘五千元,一年收入就有拾捌万元。干脆你衙门班头也不要做了,我米店也关掉算了,改行劫财神了。

三:叫你十三点一点也不错,偶然做一次不搭界,二次三次多做,门背后拉屎,天要亮呢,我如果听你闲话,我这只骷髅头保勿牢了。(发现小出来)

陆:(发现小出来)来了,来了。

小:(抱小孩上,胆怯地)三哥,小孩抱来了。

三：有没有被王家发现？

小：发现倒没发现，不过……

三：咋啦？

小：三哥，

（唱）做贼心虚今应验，
　　　吓得来，脚娘肚似琵琶弹。
　　　我看看，王家这户是好人，
　　　偷小孩，因果要报灾祸来。

三：（唱）你是个捧不起垟头小黄狗，
　　　你是个，上不了台面煨灶猫。
　　　生财之道吓怕胆，
　　　命中注定去讨饭。

陆：（唱）小黄岩啊小黄岩，
　　　有财不发是笨蛋。
　　　现在你，初做绑票第一单，
　　　到后来，多做多做会习惯。
　　　有铜钿，日日吃甜还有咸。
　　　有铜钿，夜夜女人随你拣。
　　　再说道，三哥是你大靠山，
　　　何愁闯祸坐牢监。

小：这……

三：好了。李小熊与丁阿二两人在村口等等已久，速速去到丁家山，成功以后，白花花银洋钿好捞，若事情败露，我看你这只骷髅头难保！

小：这……

陆：好了，王兴儒又勿是你阿爷外公，做人总为自己，快走了。

（小无奈地下）嘻嘻，三哥旗开得胜了。

三：嘿嘿，勿晓得马到是否成功，嘿嘿。

陆：嘻嘻。

## 第五幕

地点：去丁家山的小道

时间：接上场

王：（上）

（唱）翻山越岭孙儿找

崎岖峻岭多弯绕。

三步并作两步爬，

凛冽北风汗水冒。

人人造福祖荫孙，

却不料,孙儿为我祸水浇。

攀了几里半山腰，

眼前岔路又一条。

平素捕鱼熟水路，

如今不识生山道。

停步犹疑举目望，

幸亏得,后面来了一大嫂。

大嫂！

妇：嗳！（上）呀！还是公公。

王：原来还是黄岩阿嫂，你为何在此山上？

妇：喏！

（唱）多亏你好公公，

给我五分地蔬菜种，

街里卖卖青菜萝卜葱，

祖孙俩,有吃有用不愁穷，

上一趟,碰到里山来赶市的毛小红，

陪我到她的家里行冬笋。

上午货色已卖空，

故所以,再去他家茅山洞。

　　　　回头问公公,

　　　　　为什么,你也独自在山中?

王:我去丁家山,眼前二条岔路,不晓得走哪一条?

妇:我陪你去,丁家山是茅山洞必经之路,只是路交关难走。

王:难走就难走吧。

妇:公公啊,你单枪匹马,丁家山去作啥?

王:一言难尽,唉!

　　(唱)我的孙子灾祸遭,

　　　　小小孩童被人绑,

　　　　急得心里如火烧,

　　　　拼着老命山里跑。

妇:(唱)这绑匪断命畜生杀千刀,

　　　　劫财神,好坏不分恶强盗。

　　　　公公啊,我甩出性命陪你去,

　　　　再不对,我的孙子与他调。

王:大嫂,这咋可以。

妇:有啥可以不可以,没你阿拉孙子早就饿死了。

王:不能这样说的。

妇:反正边打边象,公公,我黄岩山路走惯了,我走前头。你走后头。我拉你走!

王:谢谢阿嫂。

　　(二人爬山,圆场,下)

丁:(上)我叫癞头阿二,上无阿哥下无阿弟,爹娘两个早早已死。从来不做生意,跟着李小熊摸狗偷鸡。今天由阿三白眼差遣,来到丁家山做站岗望风事体。唷,有人来了。来人通报!(内:王:王兴儒)

丁:啊。你果然来了,等得我好苦呀。过来!(王、妇上)你得好,叫你一个人来,还随带夫人。慢一慢。生活给你们做做好,(给二人绑上绳及眼包)。跟我来。(牵着二人,一个圆场)小熊哥!小熊哥!

小:(上)叫他做啥?

丁:来了一男一女,来兑一小孩了。

小：小熊哥他想来的人不会这么早,到茅山洞小寡妇地方去了。

丁：那我去叫他来数洋钿,小人呢?

小：毛竹蓬茅草堆里睏着。

丁：我去了。喂,铜钿没拿到小孩先不要给他看!（下）

小：嘻嘻,还有一个女的,如果相貌生得好看,我跟李小熊讲一讲,银洋钿少分一点,这女人给我当一回老婆,我女人味道长久没尝到了。（去给妇松绑）

妇：慢,先去解开王家公公。

小：好,听你的。（给王松绑,又给妇去松绑）

妇：喂,小人调小人可以吗?

小：我不要小人调小人,我要你大姑娘阿嫂调小人,嘻嘻!（妇松绑捉下眼包）阿嫂,我喜欢你,啊?

妇：（发现儿子）原来还是你这介畜生!（打小一个巴掌）

小：老娘!打莫打呀。

妇：畜生啊畜生,你道王家公公他是谁?

小：王兴儒呀。

妇：呸!他是我家的恩人呀!

小：恩人?娘,咋一回事?

妇：你这畜生!

（唱）自从你离开家乡后,
　　　遇灾难,来到宁波把你找。
　　　媳妇他饥寒交迫一命亡,
　　　丢下了,一个小,一个老。
　　　多亏得公公舍材行善心,
　　　要不然,媳妇尸骨野外抛。
　　　按常规,每逢年年三十夜,
　　　得材人,长跪他家门前到天晓。
　　　可是那,公公他千嘱咐万叮咛,
　　　不可陈规老一套。
　　　又给我一间小屋五分地,

　　　　　　分文不取到今朝。
　　　　　　倘然是没有公公好心肠，
　　　　　　我祖孙双双命难保。
　　　　　　到如今，你的儿子多健壮，
　　　　　　每天盼你父亲到。
　　　　　　想勿到，恩将仇报将他孙儿绑，
　　　　　　你良心已被恶狗咬。
　　　　　　你这个无情无义不忠不孝活畜生，
　　　　　　打死你，才能解我心懊恼！
小：（跪下）公公，
　　（唱）我不该为了钱财迷心窍，
　　　　　我不该，皂白不分是非淆。
　　　　　公公啊，我该打呀我该打，
　　　　　打死我也冤不叫！
王：（唱）后生啊，谁人一生无过错，
　　　　　知错能改就是好。
　　　　　从今后弃邪归正养儿子，
　　　　　母亲膝下尽成孝。
　　　　　后生。趁现在，一班同伙尚未到来，我们快快早点下山去吧。
小：我把小小老板去抱来。（下）
王：这就对了，大嫂。你儿子近来不能露面，这个恶贯满盈的白班头，定是怒不可遏，预防他下毒手，你儿子在我老家青垫王家暂住一段时间，我会慢慢安排好的。
妇：晓得。（小抱小孩上）
王：走！
　　（灯暗）

## 幕外

地点：凤岙村外

时间：第二天

（阿三打锣上）

三：为了让新来的知县对我留下好印象,我这面铜锣自己打。
喂,各位乡亲们听了,今天新来的知县大人到凤岙现场办案,惩治不法奸商王兴儒,各位有冤申冤、有仇报仇、有恨雪恨,各位乡亲听了……

二：三哥！我与李小熊到处在找你,寻得我好苦哇！

三：进账的伍仟只大洋要交给我是吗？

二：唉,伍仟只大洋泡汤了。

三：泡汤了？咋回事！

二：三哥！

（唱）昨日下午近黄昏,

　　　王兴儒背着银洋来赎子孙。

　　　那时候,我去通知李小熊,

　　　叫他来点伍仟银。

　　　再三叮嘱小黄岩,

　　　人质千万要看紧。

　　　想勿到,阿拉匆匆到山林,

　　　几个人都无踪影。

　　　这个口是心非小黄岩,

　　　独吞赎金已逃遁。

　　　为这事阿拉二人吓出魂,

　　　分开把你来找寻。

　　　找得来,昨天一夜未曾睏,

　　　原来你,忙着在办公。

三：（气愤）他妈的,小黄岩,老子不怕你逃到天涯海角,一旦发现,就叫你白刀子进,红刀子出!

二:三哥,这伍仟元泡汤,那阿拉辛苦钿……

三:放心。

　　(唱)伍仟大洋似芝麻,

　　　　今日里捧牢西瓜顶要紧。

　　　　兄弟们,米掺沙石有功劳,

　　　　王兴儒,顷刻审堂大祸临。

　　　　有道是,皇帝不会差饿兵,

　　　　四十石米价大家分。

二:嘻嘻,谢谢三哥!

三:阿二,三哥等回还要派你用场,你先去村口等候。

二:晓得。(下)

三:各位乡亲们听了。(敲锣下)

(灯暗)


## 第六幕

地点:凤岙村口

时间:接上场

　　(幕启,野外摆设案桌。黄龙伞。知县已就坐衙役左右,村民们站立两旁)

县:各位凤岙黎民,本县初初上任鄞县,对辖下了解甚少,今日现场办案,对不法奸商王兴儒实行公判,望广大受害民众有冤申冤、有仇雪仇。来呀!

役:喳!

县:带王兴儒!

役:带王兴儒!

　　(一衙役带着戴了手铐的王上)

王:(唱)晴天霹雳乌云骤,

　　　　无端成了阶下囚。

但不过,历古多的莫须有,
叹只叹。遗留孙子难抬头。

（王跪地）

县：在下可是王兴儒？

王：正是。

县：本县念你年老,站在旁边。

王：谢老爷。（起身）

县：白阿三。

三：老爷,我在。

县：念诉状。

三：是,(拿出诉状念)本人白阿三,奉县衙之命,向王兴儒购买早晚两米各二十石,去犒劳镇海关守兵,谁知不法奸商,财迷心窍,以次充好,米中掺和沙石,罪恶滔天。幸被我及时发觉,挽回了我县的不良后果,未酿大祸。为严肃大清律法,万望老爷高瞻远瞩,重重发落。并祝老爷万事如意,永远健康！永远健康！白阿三叩上。完了。

县：王兴儒你招还不招？

王：这……

（玉已从人缝中上）

玉：大老爷冤枉！

县：你是何人？

玉：王兴儒之媳。

县：允你讲来！

玉：老爷,
（唱）我公公奉公守法一庶民,
怎会得丧心病狂犯罪行。
这军粮袋袋只只公公检,
这军粮颗颗粒粒上等品。
倘然是投机取巧掺沙石,
岂非是飞蛾扑火烧自身,

　　　　大老爷,明镜高悬为黎民,
　　　　　望请哪,明察秋毫查真凶。
众：大老爷,明镜高悬为黎民,
　　　望请哪,明察秋毫查真凶。
县：这个……
三：老爷!
　　（唱）他一家,一贯笼络众乡亲,
　　　　乡亲们,受骗上当危害深。
　　　　阿公刁钻媳妇泼,
　　　　软硬兼施耍技能。
　　　　再说道,他掺沙石另有因,
　　　　世仇家属反朝廷,
　　　　上代参加太平军,
　　　　叛乱分子后代根。
县：这样说来应判绝行。那么他的上代是太平军的谁?
三：这(若有其事)太平军里王老三,王老三与王兴儒同姓。
县：王兴儒,王老三是你家谁人?
王：捕风捉影,无稽之谈,实在可笑。老爷请你问一下白阿三,西游记里的白骨精是白阿三太姑婆吗?
甲：老爷哎!
　　（唱）白阿三,赛可泥鳅在打浑,
　　　　望老爷,是非黑白要分清。
乙：（唱）白阿三,可比黄狗吃热饭,
　　　　花了眼睛胡咬人。
县：（唱）本县秉公执法为宗旨,
　　　　不许众说乱纷纷,
　　　　叫声疑犯王兴儒,
　　　　允你自己再辩论,
王：那天搬米,我曾嘱咐伙计王阿淼,叫白阿三当场验收。
县：传王阿淼。

役：传王阿淼！
淼：禀老爷,小人王阿淼,早在候审。
县：王阿淼,刚才王兴儒此言,可否事实？
淼：千真万确。
县：站过一旁。白阿三,可有此事？
三：老爷。王兴儒本末倒置。鄙人前去验收,王阿淼不允,说道王兴记乃是信得过米店,若要验收,损害信誉。再则王阿淼是王兴儒同族叔侄,串通一气,蒙骗老爷,实属伪证。自己人作证违反律法,请老爷明察！
县：那王阿淼不让你验收,你可有旁证？
三：这……
陆：我作旁证！
县：讲！
陆：（唱）那一天,我在河埠头洗衣服,
　　　　亲耳朵,听见阿淼阿三俩人吵得蛮凶恶,
　　　　阿三说,必须袋袋要过目,
　　　　查一查,分量是否足不足,
　　　　阿淼讲,兴儒阿叔早已说,
　　　　若要查,宁可不卖背回屋。
　　　　老爷啊,我句句讲的是事实,
　　　　若乱话,可以关我进牢狱。
县：嗯,可算旁证。我来问你,你是何人？
陆：（得意忘形）我叫陆美兰,陆福财米店主妇。
嫂：禀老爷,她名义上陆福财主妇,暗地里白阿三姘妇。老爷,既然同族叔侄辈不能作旁证,难道律法上姘头老婆可以为姘头老公作证？
县：这……
三：禀老爷,这个泼妇,诽谤好人,请老爷发落。
县：大胆妇人,竟敢信口雌黄,诬告他俩私通,有何凭据？
嫂：（旁白）阿三白眼造谣,嗯,我就也乱讲。老爷啊,
　　（唱）这事情阿三亲口告诉我,

大约就在十天前。
那一天,我独自行路在村口,
白阿三,见无旁人行非礼。
我说道,我是一个有夫妻,
他说道,有夫没夫没关系,
又说道,我与表妹陆美兰,
轧姘头,"工龄"算算有十年。

阿三白眼,你讲过吗?

三:老爷,放屁啦!

嫂:老爷,他讲你放屁。

(众人哄堂大笑,衙役吆喝)

三:老爷,旁证还有一个,他与我非亲非故的!

县:谁?

三:丁阿二。

县:传丁阿二。

役:传丁阿二。

二:小人丁阿二见过大老爷。

县:丁阿二,王阿淼叫白阿三军粮毋须验检,可有此事?

二:确有此事,小人在一旁听得明明白白。

县:画押!

(役交二画押)

县:站过一旁。

二:谢老爷。

县:王兴儒人证物证俱在还有何言?

王:听了,

(唱) 白阿三,无中生有,无恶不作。
无耻之尤,无孔不入。
大老爷,不可理喻,不辨麦菽。
不假思索,不学无术。

县:来呀!大刑伺候!

役：喳！（举棍）

翁：（上）且慢，掺沙石的是我，与他毫不相干。

县：（示意衙役放棍）你是何人？详细招来！

翁：老爷！

（唱）小人姓翁名大山，
　　　家住四明穷山村，
　　　我与王家姑表亲，
　　　为分家，多少不均怀了恨。
　　　他一家，得到高楼并良田，
　　　我一家，半间破屋荒地垦。
　　　表叔他，山珍海味绫罗缎，
　　　表侄我，炒盐拌粥破衣襟。
　　　为不平，等待机会解烦闷，
　　　盼呀盼，盼得日久才成功。
　　　那一晚，听说米店装军粮，
　　　悄悄地，趁他不备沙石混。

王：（唱）后生啊，沙石掺粮非儿戏。
　　　　灭顶之灾何冒认？

翁：（唱）警告你，现在没有你讲话份，
　　　　男子汉，强壮何惧去服刑。
　　　　表叔啊，往事历历在眼前，
　　　　难忘却，黑夜那回八元银。
　　　　我曾说，没齿不忘铭在胸，
　　　　仇报仇来恩报恩。

县：好一个翁大山，自投罗网，来啊，带回衙内。

役：喳。（妇，小上）

妇：且慢！冤枉！

县：诉来！

妇：不是我。是他。（指小）

三：禀老爷，这个小黄岩，满腹苦水，有冤较深。而且也可为我作证，铁定事实!

县:讲!

小:晓得。大老爷,

(唱)今朝我准备不要骷髅头,

状告那,你们衙内白班头。

白班头,起因是为了陆美兰这姘头,

冤枉了,无缘无故王老头。

一告他,军粮离开河埠头,

叫阿拉,军粮里掺沙子掺石头。

二告他,叫我王家小孩偷到丁山头,

敲诈伍仟大洋赎毛头。

旁证人,小熊阿二两个小头头,

老爷啊,乱讲半句给你割舌头。

三:(狗急跳墙似)小黄岩,你!

县:住手! 丁阿二!

二:(跪)在!

县:可有此事?

二:这……

县:来呀!

二:且慢,我招我招! 刚才我讲的是虚,现在小黄岩讲的是实。

县:来呀,将王老先生解除刑具,将白阿三拿下,绳之以法。休堂。

嫂:慢,老爷还有呢?

县:啊,还有,你有何冤诉来?

嫂:老爷,冤的不是我,是王家公公,这本戏他是主角,我是配角。可是王家公公就是主角戏让给阿拉做,那么我代做。陆美兰这个坏货,狗仗人势,不,应该讲雌狗仗雄狗之势,涂改王兴记招牌,如何发落?

县:怎么涂法?

甲:王兴记涂为狂兴大。

乙:因王兴记米升大,给大家米多量点,陆美兰怀恨在心。

县：来呀，陆美兰损人名誉，影响极坏。也带上衙内待审！

役：喳！

县：王老先生，今天本县为你正名，既然你的米升子大，就把招牌改为王升大！拿纸来！（役提纸张）

王：谢老爷！

（合唱中县提笔王升大）

合唱：是非曲直无错论，

　　　善恶真伪有公评。

　　　知县老爷亲笔题，

　　　升大米号传当今。

　　　（剧终）

## 新编清装甬剧《乡下贵发哥》(第七场)

人物：

| 王贵发 | 男 | 二十八岁 | 简称：贵 |
| 陆牡丹 | 男 | 一十九岁 | 简称：牡 |
| 贵发娘 | 女 | 五六十岁 | 简称：娘 |
| 王来发 | 男 | 三十岁 | 简称：来 |
| 张梅兰 | 女 | 二十几岁 | 简称：梅 |
| 族长婆 | 女 | 八十岁 | 简称：族 |
| 姑婆 | 女 | 七、八十岁 | 简称：姑 |
| 宝贝 | 女 | 二十几岁 | 简称：宝 |
| 茶店小二 | 男 | 三十岁 | 简称：茶 |
| 二大块头 | 女 | 五十余岁 | 简称：二 |
| 村妇甲 | 女 | 二十几岁 | 简称：甲 |
| 村妇乙 | 女 | 二十几岁 | 简称：乙 |
| 陆爱民 | 男 | 五十岁 | 简称：陆 |
| 陆夫人 | 女 | 四、五十岁 | 简称：夫 |
| 衙役若干 | | | |

时间：三天后
地点：山道，一破凉亭
　　　（幕启，天空下雨夹雪）
娘：(唱)雨雪嗖嗖凉亭飘，
　　　　风吹林海似虎啸，
　　　　寒冬山道行人少，
　　　　贵发他,五更出门天未晓，
　　　　难忘那,族婆凶残驱逐族，

>　　打断了我儿手骨难伐樵,
>
>　　莫奈何,为了活命去乞讨,
>
>　　儿子未归娘心焦。

贵:(高兴地上)阿姆!阿姆!蛋拷破了,蛋拷破了。哈哈。

娘:你来了,什么蛋拷破了?

贵:阿姆听着,

>　(唱)讨饭讨了三天多,
>
>　　前二天,凭无一粒讨到过。
>
>　　头一日,带来冷粥吃吃倒还可。
>
>　　第二日,害你阿姆清清爽爽肚皮饿。
>
>　　昨夜心里咕咕忖,
>
>　　总结经验细作磨,
>
>　　问自己,为啥接连二天吭结果。
>
>　　却原来,犯了方向路线错。
>
>　　第一点,近的地方不能讨。
>
>　　人家个个认识我,
>
>　　女人头啰里八嗦闲话多,
>
>　　说什么,问你贼还做不做。
>
>　　你做讨饭该死嗬,
>
>　　小朋友结群接队来看我,
>
>　　个个当我白相果,
>
>　　一起讲,贵发哥贵发哥。
>
>　　阿拉给你头罗罗,
>
>　　第二点,大户人家不能讨。
>
>　　有钱人,看见穷人虱介大。
>
>　　勿肯舍施倒还可
>
>　　反而骂,叫花子是懒惰。
>
>　　吩咐下人当心讨饭东西驮,
>
>　　大大狼狗罗罗叫叫来吓我。
>
>　　故所以,今天清早到远路。

穷人地方求帮助,
一个八十多岁老婆婆,
番茄芋艿随我驮,
另有一个老阿哥,
给我满满饭一碗,
若问为何叫蛋拷破,
阿姆你听我说清爽,
有一老板张金火,
开爿店卖棉布,
开门来了一客官,
进去买了一丈二尺布,
张老板,笑呵呵。
头笔生意大喊蛋拷破蛋拷破,
今朝我,讨饭讨到第一碗。
岂非也叫蛋拷破蛋拷破。

娘:原来如此。

贵:阿姆,你马上吃嚉。

娘:贵发,你先吃,你先吃。

贵:阿姆,我没工夫吃了,马上又要去讨了。

娘:为啥?

贵:你中午吃我讨着了,现在去讨夜饭了。

娘:贵发,外面雨雪介紧,你别去了。

贵:只要你阿姆肚皮吃饱,不要讲落雨落雪,就是落铁也勿搭界,阿姆我去了。(下)

娘:贵发,小心,小心,唉!
(唱)我儿贵发实孝顺,
千斤百担独自顶,
母子俩,虽然穷得日难度。
相依为命也开心。(下)

牡:(唱)迎风踏雪大哥寻,

>　　寻遍了河头无人影,
>
>　　幸遇得一位好人指点我,
>
>　　大哥他,驱逐出族住凉亭,
>
>　　急得我寒冬腊月汗淋淋,
>
>　　急得我,肝肠寸断痛碎心,
>
>　　走过多少破凉亭,
>
>　　不见大哥母子二个人,
>
>　　老天啊,求你沥沥雨雪停一停。
>
>　　可知晓,大哥砍柴难翻岭。
>
>　　老天啊,求你凛冽北风停一停。
>
>　　可知晓,大哥住宿凉亭难暖身。
>
>　　老天啊,求你大哥让我见一见。
>
>　　盼望那,当面赔情还清银。(小宝啼哭)
>
>　　小宝啊,不要哭莫再闹
>
>　　你可知,雪上加霜添烦闷
>
>(惊喜地)呀,这真是希望不负苦心人。
>
>>　　眼前又见一凉亭。
>>
>>　　大声疾呼唤大哥。
>>
>>　　大哥!大哥!
>
>(唱)请问亭内可有人?

娘:(上)(唱)耳听得姑娘唤呼声。

牡:大妈!

娘:莫不是,风雪漫天问路津。

牡:不。

娘:(唱)姑娘啊,年老盲人难招待。
　　　　快快歇脚暖暖身。

牡:(唱)雪落山道寥寥人,
　　　　见到大娘格外亲。

娘:(唱)这般天,通常姑娘不出门。
　　　　甘愿御寒为何因。

牡：（唱）找恩人，何惧风雪紧。
　　　　　正向大妈打听人。
娘：（唱）瞎眼我，无邻无居栖荒郊。
　　　　　向我打听问错人。
牡：（唱）只因为，他也住凉亭。
　　　　　贵发二字大哥名。
娘：（唱）听罢言，猛一愣。
　　　　　难道说，贵发不是同个人。
　　　　　姑娘啊，贵发他是我儿子。
　　　　　何故把他大哥称？
牡：（唱）顿时间，尤似黑夜遇救星。
　　　　　大妈啊，只因为贵发大哥我恩人。
　　　　　几天前，萍水相逢在路中。
　　　　　明大义，大哥解难捐了银。
　　　　　我不该，心切救小宝。
　　　　　慌乱中，银两失落在家庭。
　　　　　今日寻找我恩人，
　　　　　奉还三两三钱雪花银。
娘：（气得发抖）你！原来还是你！
　　（唱）你轻飘飘银子说声还，
　　　　　他重顿顿罪孽在受难，
　　　　　为了你这个三两三，
　　　　　没奈何，卖出了栖身之地屋一间；
　　　　　为了你这个三两三，
　　　　　错当了，将守规之人当贼办；
　　　　　为了你这个三两三，
　　　　　打断手，再不能砍柴拿刀铲；
　　　　　为了你这个三两三，
　　　　　母子俩，驱逐出族成讨饭，
　　　　　你只晓，三两三钱还还还。

难还清,我儿清清白白、堂堂正正、老老实实、本本分分人格来!

谁要你来还三两三,

只要你,收回银子滚出凉亭外!(气呼呼地下)

牡:(唱)声声责备如刀斩,

刀刀斩在我心坎,

陆牡丹成为了卑鄙女,

鄙鄙鄙,鄙使大哥蒙了难。

羞愧难言恨悔多,

恨恨恨,恨已难与大哥共分担。

一切祸根是我栽,

难怪大妈将我赶出凉亭外。

我有罪,罪无边,

雪地跪等大哥来。(跪地)

女声独唱:

雨雪无情似射箭,

落在地上冻成冰,

赔情女盼等恩人归,

谢罪长跪不觉冷。

贵:(上)阿姆!阿姆!(娘上)

牡:大哥大……

贵:大嫂!快快起来!快快起来!

牡:(起身)大哥,三两三钱银子找到了,找到了。(递银子)

贵:(接过)好。哈哈!(痛哭流涕)

男声独唱:

啊!啊!啊!

是非曲直一朝明,

贵发哥,怒放压抑成泪人。

贵:阿嫂,你儿子毛病好了吗?

牡:好了,好了,不瞒你说,小宝不是我儿子,是我弟弟。

贵：小宝是你弟弟？（娘）

牡：大哥！大妈！

（唱）陆牡丹我的名，

　　　家住杭州涌金门，

　　　出身原是官宦家，

　　　我父亲,浙江巡按陆爱民。

　　　可恨那,当朝掌权和坤贼。

　　　贪赃枉法欺圣君,

　　　我父亲,一本奏章告朝廷。

　　　却不了,落在和坤贼手心。

　　　贼喊捉贼骗乾隆,

　　　反咬我父贪污去义充军,

　　　那一日,母亲产弟月子中。

　　　来了如狼如虎御林军,

　　　幸亏家丁得风声,

　　　我急抱弟弟小鱼漏网大海奔。

　　　几天来,披星戴月到四明。

　　　隐居身份居山村,

　　　到如今,不知父母可安宁。

　　　罪犯之女只能腹内论,

　　　大哥啊,我是个未曾出闺苦命女。

　　　扶养弟弟一脉根,

娘：（唱）姑娘啊,刚才我言语冒犯了莫气生。

　　　望请原谅年迈人,

　　　落难相助理该应,

　　　日后仍然共帮衬。

牡：大妈,你真好。（贵与娘,解下牡背上的小宝）（来、梅、太上）

来：太婆,到了,到了。

梅：太婆,这呆大算什么驱逐出族,住在凉亭离我们河头不远,对王家影响十分不好。

太：嗯！嗯！

来：古人老话,做贼里做出,讨饭外讨进。贵发呆大讨饭外讨出,连你太婆面子也剥落。

太：说得有理,来发再与我去赶！

来：是！

衙甲：(敲锣上)肃静回避！浙江巡按陆大人路过回府！陆大人路过回府了。

牡：陆大人？(拖拉衙甲)请问大哥,你说浙江巡按陆大人回府,陆大人姓甚名谁？

衙甲：嘿嘿,你胆量不小啊

（唱）你这人是痴还是呆,

　　　胆大包天竟敢问巡按大从姓名来,

　　　告诉你,大人姓陆名爱民。

　　　啊哟,(自打嘴巴)掌嘴！掌嘴！

　　　亥！心直口快漏出不应该。

　　　曾经在乾隆皇帝当朝时,

　　　被那奸臣和坤害,

　　　转眼不到几个月,

　　　嘉庆上台和坤一个跟头栽。

　　　陆大人曾经充军到海南

　　　平了反,路经广东、福建、温州过宁波。

　　　去到杭州官复浙江巡按大官衔,

　肃静回避了！

（四旗牌官上）

牡：冤枉！

（内陆：有人鸣冤,快快下轿）

（在唢呐与四击头中陆与夫人上）

陆：何人拦轿？

牡：爹爹,是我女儿牡丹！

陆、夫人：女儿！

　　　　（贵与娘递小宝给牡）

牡：爹娘，这就是我的弟弟小宝。

夫：儿啊！（抱小宝）

陆：儿啊，你姐弟二人因何在此？

牡：听女儿一一道来。

　　　　（一曲牌子）

夫：原来如此。

陆：女儿，随跟父母同去杭州。

牡：且慢！

　　（唱）女儿今生从未求，

　　　　今日求，女儿年方已十九。

　　　　不须父母择佳偶，

　　　　女儿我，要与贵发哥哥长相守，

夫：（唱）听了女儿话，

　　　　心头乐悠悠，

陆：（唱）婚姻自做主，

　　　　但愿到白头，

　　来人，备轿备马，接姑爷，亲家母同去杭州。

贵：谢谢大家！谢谢大家！

娘：哈哈哈哈。

　　　　（全剧终）

初稿于 2009 年 7 月 14 日

# 近代甬剧《上海滩上李家门》(第六场)

时间：四十年代初期
地点：上海
人物：李桃花　女　　　二十几岁　　简称：桃
　　　李梅花　女　　　二十几岁　　简称：梅
　　　郑益民　男　　　二十几岁　　简称：郑
　　　李金甫　男　　　六十几岁　　简称：李
　　　王吉祥　男　　　二十几岁　　简称：王
　　　赵开兴　男　　　二十几岁　　简称：赵
　　　陆丽娜　女　　　三十几岁　　简称：陆
　　　徐　妈　女　　　五十几岁　　简称：徐
　　　管　家　男　　　六十几　　　简称：管
　　　张美丽　女　　　二十岁　　　简称：张
　　　茶　房　男　　　二三十岁　　简称：茶
　　　护　士　女　　　二十岁　　　简称：护
　　　家　人　若干个
　　　流　氓　若干个

时间：相隔近一年
地点：李家厅堂

　　　（厅中悬挂大红喜字。喜乐中洪管家在忙碌着指挥）
家人甲：(上)洪管家，香港钱先生钱太太到。呈上礼单一份。
家人乙：(上)洪管家，汇丰银行总裁到，呈上礼单一份。
家人丙：(上)洪管家，大兴公司、永安公司、西施公司、福安公司四家老
　　　　板同到，各送上礼单一份。
管：(收下礼单)快快请各位前厅休息用茶。

（家人跟管下，郑梅喜匆匆上）

郑：风和日丽临喜堂，

梅：梅花开春二度放，

郑：严冬辞去大地暖，

梅：蝴蝶成对鸟成双。

郑、梅：爹爹！

李：（上）定于十点举行婚礼，快去换上礼服。（郑、梅欲下）今天你们是正旦正生，不能在台上慌场漏词哇。

梅：爹爹，我从小到大，从来没听见你讲笑话过。

郑：过去我看到爹爹一副威严，连说话也不敢发出高音。

李：那么说你是男低音？

梅、郑：哈哈哈哈！

李：今天我是平生最高兴最高兴了。

管：（上）老爷，邀请的客人全部到齐了。

李：我来了。你们快去更换拜堂礼服。

梅：哥哥，走。

李：叫啥？还是哥哥？

梅：我叫惯了。

李：那你就继续叫哥哥吧。哈哈哈哈！（与管同下）

郑、梅：哈哈哈哈！（二人亲昵地从另侧下）

（在喜乐曲中，乞丐打扮的李桃花东张西望上）

桃：公馆内挂灯结彩闹盈盈，
　　高朋满座聚前厅。
　　这里本是我出生地，
　　触景生情前思忖，
　　忆往昔，未踏门槛人相迎，
　　想今日，胆怯偷偷后门进。
　　低头看，脚下铺的红毡条，
　　抬头望，大红双喜挂中心。
　　双喜啊，你也曾为我闪过光，

今日却,不屑一顾旧主人?
我问你,傲慢轻视为了谁?
我问你,阿谀逢迎哪个人?
双喜你,不理不睬我也明,
谅必姑爷益民要娶亲。
告诉我,新娘何方人?
几岁啥芳名?
唉!喜字世态也炎凉,
人情淡薄无回音,
细思量,益民拜堂不可能。
非是我家李姓人,
爹爹处事行世风,
怎肯让,入赘女婿再娶亲。
左思右想心彷徨……
自讨没趣登旧门。

郑：(上,发现有一女子)这位大姐,你怎会跑到内厅来了?(桃想速往内躲)大姐请不要慌张,我给你钱票。(桃想往外逃)大姐拿了钞票再走。

桃：(躲避不及)益……

郑：啊!你是不是桃花?桃花!

桃：益民!

郑：(心酸地)你为何如此模样?你为何如此模样?

桃：益民!
见到益民珠泪滚滚落衣襟,
此时尤可入梦境。
只怪我,自作聪明爱虚荣,
虚荣害了我终身。
悔不该当初爱虚荣,
日泡酒吧夜舞厅。
悔不该当初爱虚荣,

横行无忌挥重金,
悔不该当初爱虚荣,
懵然无知叛家庭。
悔不该当初爱虚荣,
歹人掠夺财物未报警。
悔不该当初爱虚荣,
被骗拐卖南京贩北平。
悔不该当初爱虚荣,
逃离妓院不敢回家门。
悔不该当初爱虚荣,
沦落天涯一年整。
一年来,清明未扫新娘坟,
三伏露宿蚊子叮,
中秋月下独孤影,
九九风餐难求一件破棉襟。
大年夜,凉亭残粥伴雪吞,
新春日,半山卧病苦呻吟。
虚荣毁我妩媚倩影变鬼魂,
虚荣如今彻骨恨。
倘然人死有再世,
来生决不再虚荣。

郑：闻听得一番苦诉泪难禁,
句句言语痛我心。
总以为,在这一年的光阴,
日子过得多安稳。
想勿到,身败名裂钱财沉,
人生坎坷路险境。
可叹你,爹爹娇养当掌上珍,
你却自身安危作泥尘。
望今后,振奋精神从头起,

未知桃花可容忍?

桃：益民话,猛一惊,

天底下,介好男人何处寻。

从今后,端茶端饭由桃花,

步步紧跟不离分。

再问一声我益民,

你将我收留爹可肯?

郑：(不假思索)你回来了,我高兴,爹爹一定也高兴。

桃：(高兴地)益民,今天我家高朋如潮,厅里大红喜字高挂,啥人结婚?

郑：这! 桃花一言提醒我,

还是哭来还是笑?

可比打碎五味瓶,

甜酸苦辣过头浇。

问我因何客如潮?

问我喜字为谁操?

倘若真情对她告,

岂非她,短暂喜悦顿时扫。

倘若真情不相告,

婚礼时间马上到。

难难难,难得心头如火烧,

罢罢罢,罢休烈火纸中包。

桃花啊,我与梅花结婚已定了,

拜堂成亲在今朝。

桃：我总道,打湿羽毛的水鸟返了林,

却不料,暴风卷扫树上巢。

益民啊,一宵夫妻百日恩,

百日夫妻情义似海深如山高。

花烛妻子李桃花,

求求你宽饶,求求你宽饶!

郑：声声讨饶实讨情,

讨情求饶添烦恼。
思桃花,虽然与我情分少,
按情理,迷途归来不可抛。
梅花她,当然与我情意合,
论情操,心地光明同到老。
不可抛与同到老,
益民无力随意挑。
桃花啊,我独自一人难做主,
需与妹妹共商讨。

桃:(渴望地)请你把妹妹叫出来。

郑:梅花,梅花。

梅:(已穿上礼服,上)哥哥,啥事体?

郑:你姐姐来了。

桃:妹妹!

梅:姐姐!
见姐姐,百孔千疮好心酸,
我含泪哽咽难出声。
姐姐呀,你我同爹同娘同血肉,
有苦有难有我份。

桃:道谢妹妹不看轻,
跪地恳求望答应。
姐姐我曾是益民结发妻,
一时间,目光懵然独私奔。
今日悔过回家门,
重归与好补裂痕。
作揖打躬亲妹妹,
今日婚礼休举行。

梅:姐姐啊,婚姻大事非儿戏,
诸亲好友已满庭。
李家门,上海滩上有名声,

商界敬重我父亲。
　　　今日里,出尔反尔婚礼停,
　　　明日里,大街小巷道新闻。
　　　无奈跪地恳求你,
　　　顾全大局顶要紧。
郑：怎么办？怎么办？
　　　桃花一心想重圆,
　　　梅花话锋合情理。
　　　十点钟,在眼前,
　　　分分秒秒急得我心胆俱裂无主见。
　　　两人却莫跪在地,
　　　有话起来共商议。
　　　快起来！快起来！(二人不听劝告)
　　　唉！益民劝告都不依,
　　　莫奈何,束手无策也跪地。
李：(高兴地上)时间快到了,时间快到了,益民,梅花！
郑、梅：爹爹。
李：(发现仍跪在地上的桃)她是谁？
桃：我是不孝女桃花。
李：什么？桃花？
梅：是姐姐。
桃：爹爹。
李：呸！看见贱人胸口痛,
　　　伤风败俗辱门风。
　　　幼小教你学好样,
　　　品行优良人可颂,
　　　想勿到,不听教诲自放纵,
　　　不仅害己更害众。
　　　现世现报活现眼,
　　　我与你,一刀二断各西东。

快快给我滚出去,
李家门,难充有条害人虫。
梅:劝爹爹,莫生气莫冲动,
望您贵体自保重。
爹爹啊,事到眼前无良策,
婚礼举行不改动。
拜堂仪式由梅花,
姐姐复婚洞房中。
李:放肆!(对桃)滚!滚!滚!
桃:(强忍悲哀)我该走了,该走了。(跪地)一拜爹爹长寿。二祝益民梅花美满幸福。(起身欲走)(家人均上)
郑:且慢!爹爹!
妹妹她,与人为善向您求,
再听我,饮泣吞声衷心诉。
爹爹啊,世上谁人无有错,
只要识得自身过。
桃花她,自作自受自食果,
自拔自归自悔多。
跪下地一拜好妹妹,
难为你,舍己为人自痛苦。
二拜我的好岳父,
再听我,心底话儿吐,
也怪我,当初对她少束缚,
害她向隅铸成错。
倘然将她逐出门,
怎忍她,再沦街头入歧途。
郑益民,光明磊落她丈夫,
求爹爹,让失群孤鸟归旧窝。
(众人跪地恳求)
李:起来,起来,你们胡闹,我也只得跟着胡闹。

众：谢爹爹！谢老爷！

管：(上)老爷,客人准备全部入场,十点还差二分了。

李：唉！假戏真做,只得如期举行婚礼。

（在乐曲声中大幕渐下）（全剧终）

## 宁波滩簧《婆媳和》(首场)

时间：清代

人物：胡阿大（婆婆）　　　　50岁　　　　　简称：婆
　　　曹珍珍（大媳）　　　　19岁　　　　　简称：珍
　　　张银银（二媳）　　　　18岁　　　　　简称：银
　　　丁阿二（二儿子）　　　17岁　　　　　简称：二
　　　娘舅（婆之弟）　　　　40余岁　　　　简称：舅
　　　舅母（婆之弟媳）　　　40余岁　　　　简称：母
　　　赞礼人
　　　陪娘

## 第一场

地点：丁家客厅

时间：某日早晨

合唱：人说家和万事兴，
　　　家庭不和是非多。
　　　丁家门，无风为何起风波，
　　　笑看那，宁波滩簧"婆媳和"。

婆：（上）日出东方红火火，
　　　房里厢走出我老太婆。
　　　自从嫁到丁家媳妇做，
　　　算算年头廿年多，
　　　可惜夫妻难到老，
　　　老头子，十年之前见阎罗。
　　　幸亏得，这户人家有结果。

　　　　我给他生下儿子有两个，
　　　　阿大忠厚人老实，
　　　　百依百顺真不错。
　　　　三日之前老婆已抬进，
　　　　昨日里，叫他赚钱出远路。
　　　　二儿子，相貌好人聪明，
　　　　也有人叫他是呆大。
　　　　呸！阿拉儿子会呆大？叫他呆大人得呆大了！
　　　　回想起，廿年之前做媳妇，
　　　　我是吃了多少苦，
　　　　熬到如今抬媳妇，
　　　　我理该，煞有介事做阿婆。
　　　　眼见得，卯时已到寅时过，
　　　　为什么，新媳妇不端茶水来敬我？
　　　　阿二！阿二！

阿二：（上）阿娘，叫我作啥？

婆：告诉嫂嫂，我已经起床了，可以送茶了。

二：送茶？你有手有脚，要吃茶自己到灶间去吃好了。

婆：去叫！

二：不叫不叫偏不叫！
　　（唱）你这人，做出事体不惬意，我阿二，替阿嫂想想也有气，阿哥他，拜堂二天出门
　　去，活拆夫妻俩分离。

婆：阿囡啊，小小人多管闲事不可以，
　　为娘做事有道理。
　　常言道，老婆本是床头鬼，
　　煽风点火惹是非。
　　到后头，有了媳妇忘记娘，
　　日子久长把娘抛弃。

二：你是自说自有理，

与你再争伤身体，
省得多加气，
只好去叫其。
阿嫂！阿嫂！（下）

珍：（手端茶盘上）来了。
忽听叔叔一声叫，
谅必婆婆已起身，
手端茶盘急急行，
小心翼翼迈步进。
婆婆万福！

婆：你这姿势咋难看，女人家讲究的是斯文，走不动裙，笑不露齿。让我教你，看着，你给我坐好。

珍：媳妇不敢。

婆：我叫你坐只管坐！（珍无奈地坐，婆拿盘示范）婆婆在上，媳妇万福。
（不小心跌地）讨债鬼（二与珍同扶婆）与我重新来过。

珍：是。婆婆在上，媳妇万福。

婆：马马虎虎通过。（接茶，吃一口吐地）这算啥茶？

珍：白木耳参汤。

婆：白木耳参汤？想叫我吃了去见阎王？你知道我不喜欢吃甜的！

二：阿娘，你这人咋啦？阿嫂没抬来前，你不是常吃冰糖炖白木耳吗？

婆：这，今天我要吃咸的。

珍：婆婆让我去调一杯。

二：这杯甜的给我吃好了。

婆：不用了，免得被人外面去讲说我这个阿婆难伺候，不喜欢吃也只得要吃！（喝下去）

二：（旁白）讲起来甜的不要吃，吃起来像牛饮水，喝得多少快。

婆：（饮毕，珍接杯）媳妇啊，你新来乍到，不晓得丁家水缸镬罩。我讲点规矩给你听听：清早扫地桌椅揩，
  烧饭烧菜衣服汰，

　　　　空落功夫排一排,
　　　　一二三四来记下。
　　　　挑满一缸水,
　　　　再砍二担柴,
　　　　夜里棉布织三丈,
　　　　再纺四斤上白花。

珍：这……
二：阿娘,介多生活,阿嫂一个人咋来得及?这样好了,挑水割柴我来,你吃完饭没事情去纺棉花、织布。阿嫂烧饭烧茶。
婆：放屁!阿哟,家门不幸,坟场出气了,活被来了这扫帚星。
二：闲话也讲不像,扫帚星?阿嫂叫曹珍珍。
婆：曹珍珍就是扫帚星,扫帚星就是曹珍形。
二：照你讲,那么你叫胡阿大,可以改叫狐狸婆,我叫丁阿德,你要叫我丁阿伯。
婆：瘟小鬼,反了!反了!(拿家法佯打阿二,真打珍)
二：(托住家法)你眼睛有否?打我就打我,为啥打阿嫂?(急中生智)阿嫂,阿娘肚皮饿了,要吃早餐了,快去拿来!
珍：是。(退下)
二：慢,她甜的不要吃,要吃咸了。
珍：多谢叔叔。(下)
二：阿娘,阿嫂她是一个人,
　　阿娘你也算是个人,
　　算算大家都是人,
　　为啥人要欺侮人?
婆：阿二啊,人分上中下三等,
　　长辈小辈高低论。
　　却不谈媳妇面前摆杀风,
　　顶可恶怒,她的生肖与我冲,
　　我属羊来,她属虎,
　　怕只怕,羊落虎口命难存。

二：这闲话,随便咋呆也否听,
　　属啥生肖都是人,
　　照你讲,咩咩羊不吃鱼肉饭?
　　从今后,青草给你当饭当点心。
　　既然今日难看她,
　　何必把她抬进门?
婆：起初我是不答应,
　　后来是为你阿二忖。
二：为我忖? 更加听不进,
　　难道说,二兄弟一个老婆可拼用?
婆：唉! 怪侬阿二年纪轻,
　　为娘我,前因后果说分明,
　　去年子,你哥哥事不济运不通,
　　失脚跌下黄土堆,
　　幸亏来了采药表姐妹,
　　就是那曹珍珍和张银银,
　　你哥哥被救到她家庭,
　　几服草药伤痛净。
　　想勿到大小鬼欢喜上了曹珍珍,
　　起先我极力反对骂一顿。
　　又听说,表妹许配你阿二,
　　到后来,忖忖合算才答应。
二：这叫做买带鱼搭烤虾,
　　你拾便宜嫂嫂蚀了本。
　　下趟你,对我老婆也介凶,
　　老公我要打抱不平。
婆：你老婆,对我天生有缘分,
　　婆媳两个同类型,
　　我属羊来她属兔,
　　定能够,和和睦睦过光阴。

珍：(端点心上)婆婆请用点心。

婆：(接碗)青菜炒年糕？为啥不糖炒年糕？

珍：这……

二：阿娘，是你讲甜的不要吃，所以我叫阿嫂炒青菜年糕。

婆：这……(尝味)呸！这年糕咸得像盐甏倒翻，重去炒一碗！

珍：(接碗)是。

二：阿嫂，我搭侬一起去，你看看我的手法。(与珍耳语)

珍：这……(二、珍二人站在门外)

婆：常言道，月里毛头别耷，月里媳妇别哄。我不哄，我要狠！

二：(与珍入门)阿娘，这一碗我炒的，来，试试味道！

婆：(试味)咋介鲜！不淡不咸，好！好！(吃完珍收碗)哈哈，嘿！跪下！

(珍跪地)

婆：你个人，绣花枕头烂草包，

番薯脑袋不开窍，

同样一碗炒年糕，

味道相差太多了，

你一碗，咸得骆驼夸你好，

他一碗，鲜得头发根根掉。

娘家贫穷少教养，

婆家献丑人耻笑。

二：(生智)不对！茶烧滚了。

婆：哎，茶滚了？浪费柴火，快闪些进去了。

二：(拉珍)阿嫂，快去冲茶。(与珍同下)

婆：罪过，我肚皮里气还还没出光，活被这断命的茶滚了。罪过真罪过，现在阿婆真难做。(念经)念嘛阿弥陀佛……

舅：(上)只因家中遇了灾，

没奈何，阿姐地方借钱来。

(进门)阿姐，(婆装未听见)阿姐，阿姐！

婆：瘟小鬼，经头给你打断了。许多日子没来，我忖侬倒脚骨不来了。

舅：阿姐，你咋讲介难听。
婆：今天啥风吹过来？
舅：龙卷风。
婆：要么你小鬼大脚疯。
舅：阿姐是龙卷风。
　　(唱)昨天九月十九观音暴，三间平屋风吹倒，修理房子缺铜钿，没办法，厚着脸皮阿姐找。
婆：(旁白)菩萨这东西，讲其有，实才没的，如果菩萨有魂灵，索性风再大一点，得这小鬼二夫妻压压死，省得来借铜钿。(回头对舅)阿弟啊，多少够了？
舅：(高兴地)阿姐，顶好十两，如果没十量，五两也好。
婆：五两够了？
舅：五两也够了先将房间修修好，客堂和灶间，晚稻谷卖掉再修。
婆：这咋讲？要修嘛索性三间全部修修好算了。
舅：阿姐，谢谢嘎。
婆：谢啥呀，要啥自己人？
　　(唱)阿弟啊，姐弟本是亲同胞，我不照料谁照料？但不过，你来得真不巧，今日我也少银票，只因为，大的儿子刚拜堂，铜钿用了木佬佬，多余下来存钱庄，存进取出被人笑。我忖忖，倒屋木料当柴烧，夫妻俩，可住凉亭或破庙。
舅：你叫阿拉住凉亭或破庙？当阿拉是叫花子？阿姐不看僧面持佛面，看在阿姆面孔你也要借点给我。
婆：看在阿姆面孔？
舅：是呀。
婆：阿姆这个老太婆，不讲一肚气，讲讲二肚气。
舅：阿姆加你啥气？
婆：听着，我小辰光，她喂我饭，我饭不要吃。她阿大啊，快来吃饭饭，经常鱼一口，肉一口乱塞塞，塞得我人块头嘞嘞格大起来。抬到丁家做媳妇，我做新娘子一出轿，人家讲我，哎哟，好像朱实臣老婆。加气伐？活被这老太婆！

舅：你这个良心无的。阿姆给你吃介好还要骂她。不看阿姆面孔，那就看阿爸面孔。

婆：阿爸？我是真的要叫他阿爸了！

舅：阿爸也坏吗？

婆：这贼老头还要坏，我五六岁辰光外婆给我缠脚，脚缠好后，晚上困在被头里，一热就痛，算他宝贝煞了，把我脚纱头解开，外婆每日缠，他每夜解。常言道三寸金莲，四寸银莲，五寸铜莲，害得我六寸不要了脸。这断命老头老早好死！

舅：这十三点，吭大吭小，不肯借甭借，我走了。

婆：小鬼沙头莫介硬，归根结底总是阿弟，不会叫你白跑。这枚银子挖耳拿去，当当掉也好派用场。

舅：小小一枚银子挖耳还没十块砖头好卖，不要。我走了。（走）

婆：我问你，这趟去了，下趟还来吗？

舅：我问你，你阿拉屋里要来吗？

婆：你讲故事？我到你屋里来？难道我不怕穷气染过？

舅：如果来了呢？

婆：前脚走进斩前脚！

舅：后脚走进呢？

婆：斩后脚。

舅：如话阿拉门口走过头颈来张一张呢？

婆：斩头颈。

舅：好！你不来我也不来！

婆：讲讲不算数。你们穷人吭争吭气。二人三击掌！

舅：一言为定。（二人击掌）（下）

婆：罪过罪过！今天啥日子？碰来碰去碰着坏人，媳妇介坏，阿弟又介坏，菩萨唷，我吃素多少净，忏念给他们毛病多生生。阿弥陀佛。

（幕下）

图书在版编目(CIP)数据

心曲:一个孤独的甬剧守望者/史鹤幸著.
—上海:上海三联书店,2015.
ISBN 978-7-5426-5295-9

Ⅰ.①心… Ⅱ.①史… Ⅲ.①俞志华—生平事迹
Ⅳ.①K825.78

中国版本图书馆 CIP 数据核字(2015)第 203610 号

# 心曲——一个孤独的甬剧守望者

著　　者　史鹤幸

责任编辑　钱震华
特约编辑　黎　迦
装帧设计　鲁继德
责任校对　菁　华

出版发行　上海三联书店
　　　　　(201199)中国上海市都市路 4855 号
　　　　　http://www.sjpc1932.com
　　　　　E-mail:shsanlian@yahoo.com.cn
印　　刷　江苏常熟东张印刷有限公司

版　　次　2015 年 10 月第 1 版
印　　次　2015 年 10 月第 1 次印刷
开　　本　787×1092　1/16
字　　数　200 千字
印　　张　13.25
书　　号　ISBN 978-7-5426-5295-9/K·335
定　　价　48.00 元